敬語表現ハンドブック

蒲谷宏+金東奎+高木美嘉=著

大修館書店

はじめに

　本書は，敬語表現やコミュニケーションに関する様々な問題を根本から整理し，項目ごとにわかりやすく解説したハンドブックです。
　敬語については，尊敬語，謙譲語，丁寧語という 3 分類を新たな考え方で整理し，「うかがう」と「まいる」の違いは何か，「ご説明くださる」と「ご説明いただく」はどちらが丁寧か，といった課題について，その敬語が持つ基本的な性質から明らかにしています。また，「させていただく」の使い方や，「御苦労さま」と「お疲れさま」の違いなど，敬語表現に関わる疑問に対しても，明快に説明することを心がけました。そして，文章や談話の中で敬語がどのように使われているのか，どのような働きをしているのかということについても，具体的に分析しています。
　このような敬語や敬語表現は本書で扱う重要な項目なのですが，本書で考えていく事柄はそれだけではありません。このハンドブックでは，「待遇コミュニケーション」という捉え方を基本として，様々なコミュニケーションを扱っています。
　例えば，依頼のコミュニケーション，誘いのコミュニケーション，許可のコミュニケーション，アドバイスのコミュニケーションなどが，どのような構造や展開になっているのか，また，ほめや謝罪，苦情などに関するコミュニケーションについても，具体例を示し，わかりやすく解説しました。
　本書は一見すると，何やら馴染みのない用語や，複雑な解説が書かれている専門書だと思われるかもしれません。しかし，それは，敬語表現やコミュニケーションに関して表面的な説明だけではなく，根本的な原理から考えていこうとしたからであって，あくまでも，日本語に関心があるすべての人を対象に，わかりにくい課題をわかりやすく解きほぐそうと試みたハンドブックです。日本語を母語とする人たちだけではなく，日本語を学

ぶすべての人々，学生だけではなく教師にも役立つものとなるよう記述しました。特に，敬語は苦手だな，敬語表現は厄介だな，と思っている人が，自信を持ってコミュニケーションできるようになることを願っています。

　敬語表現においては，敬語をどう使うかということだけではなく，その時にコミュニケーションをする人たちがどういう気持ちや姿勢で表現し，理解しようとするのかが大切です。お互いに相手のことを考え，配慮し合う意識や姿勢を持つことが重要なのは言うまでもありませんが，その上で，自分の思いや考えを相手やまわりの人たちに適切に伝えることも大切になってきます。敬語表現では思いやりや配慮が必要だ，相手を気遣うことが重要だということばかりを強調するのではなく，自分自身がどういう人間なのか，自分が表現したいことをどのように伝えたいのかという観点も大切なのです。

　コミュニケーションは，固定的なものではなく，常に動きのあるものです。敬語表現を待遇コミュニケーションの観点から捉えるということは，表現形式を静態的に捉えるだけではなく，表現行為，理解行為としてどういう意味を持つのかを動態的に考えていくことにほかなりません。それは難しい課題ですが，敬語表現を単なる知識として捉えるのではなく，実践的な行為として考えていくことができるという点で，大変刺激的な課題となるでしょう。

　実際のコミュニケーションでは，自分が表現したことを相手が正確に理解してくれるという保証はありません。だからこそ，常に相手との関係やその時々の状況，自分が伝えたい気持ちや中身をそれにふさわしい形に表して表現していくことが大切になるわけです。逆に，自分が理解したことが相手の表現したかったことであるという保証もありません。理解するという行為においても，相手との関係や状況，相手の伝えたい気持ちや中身を考えながら理解していくことが重要になるわけです。当然のことですが，こうした「伝え合う」という観点は，敬語表現を考えるときにも大切な観点になってきます。

　現実には，完璧なコミュニケーションや，正しいコミュニケーションな

どと言えるものはないでしょう。そうしたコミュニケーションを求めつつ，たとえ不完全であっても，誤解が生じても，それがむしろコミュニケーションの常態であると認識した上で，お互いに尊重し合いながら，自分の気持ちや考えを伝え合っていくことが大切なのだと思います。

　本書は，固定的な正しさや模範的なコミュニケーションを目指すものではありません。もちろん現時点で考えられる適切さに対する方向性はきちんと示したいと思いますが，それを参考にして自らの表現のしかた，コミュニケーションのスタイルを確立していくことが大切なのです。そのために少しでも役立つ情報や考え方を示すこと，そこに本書の目的と意義があるのだと考えています。

　第1章「敬語表現」は，金東奎が執筆を担当し，第2章「待遇コミュニケーション」は，高木美嘉が執筆を担当しました。そして，蒲谷宏が全体を監修し，調整を行いました。『敬語表現』の刊行から10年が経過しましたが，その後の展開も踏まえ，待遇コミュニケーションとしての敬語表現についてわかりやすく伝えるハンドブックとなることを目指しました。

　最後になりましたが，大修館書店編集部の黒崎昌行氏，山田豊樹氏には文章の細部にまで亘る御指摘をいただき，大変お世話になりました。厚く御礼申し上げます。

2009年3月
蒲谷宏・金東奎・高木美嘉

目 次

はじめに iii

第 1 章　敬語表現

I. 敬語表現とは 3
　場面 3
　人間関係 4
　場 6
　意識(きもち) 7
　内容(なかみ) 8
　形式(かたち) 9
　待遇コミュニケーションにおける敬語の捉え方 11
　敬語コミュニケーションにおける敬語の捉え方 13

II. 敬語の種類 16
　敬語的性質 16
　尊敬語―直接尊重語 20
　尊敬語―恩恵直接尊重語 22
　尊敬語―相手尊重語 24
　謙譲語Ⅰ―間接尊重語 25
　謙譲語Ⅰ―恩恵間接尊重語 27
　謙譲語Ⅱ―丁重語 29
　謙譲語Ⅱ―自己卑下語 31
　謙譲語Ⅰ＋謙譲語Ⅱ―尊重丁重語 32

美化語―美化語 …………………………………………………… 34
　　丁寧語―丁寧文体語 ……………………………………………… 36
　　丁寧語―丁重文体語 ……………………………………………… 37
　　敬語の周辺 ………………………………………………………… 38

Ⅲ．敬語表現の諸相 …………………………………………………… 40
　　依頼の文章 ………………………………………………………… 40
　　依頼の談話 ………………………………………………………… 45

Ⅳ．敬語表現に関するQ&A ………………………………………… 52
　　1　〈直接尊重語と恩恵直接尊重語の違い〉 ……………………… 52
　　2　〈間接尊重語と丁重語の違い〉 ………………………………… 53
　　3　〈間接尊重語と丁重語と尊重丁重語の違い〉 ………………… 54
　　4　〈くださる系といただく系の丁寧さ〉 ………………………… 55
　　5　〈「あなた」の問題〉 …………………………………………… 56
　　6　〈直接尊重語の誤用――お・ご～してください〉 …………… 57
　　7　〈直接尊重語と丁重語の違い――ご質問はございますか〉 … 58
　　8　〈丁重語＋直接尊重語――おられる〉 ………………………… 59
　　9　〈間接尊重語――お・ご～させていただく〉 ………………… 60
　10　〈過剰な敬語〉 …………………………………………………… 63
　11　〈相手の希望や願望を尋ねる〉 ………………………………… 64
　12　〈マニュアル敬語――直接尊重語の誤用〉 …………………… 65
　13　〈マニュアル敬語――ハンバーガーセットになります〉 …… 66
　14　〈マニュアル敬語――お名前様のほう〉 ……………………… 67
　15　〈複合語の直接尊重語――おわかりにくい〉 ………………… 69
　16　〈直接尊重語と間接尊重語の誤用――いただいてください〉… 70
　17　〈「御苦労さま」と「お疲れさま」〉 ………………………… 71
　18　〈呼び方，ほめ方――山田教授，よかったですよ〉 ………… 72

第2章　待遇コミュニケーション

I. 待遇コミュニケーションとは ……………………………… 77
　待遇 …………………………………………………………… 77
　待遇表現・待遇理解 ………………………………………… 78
　表現行為と理解行為 ………………………………………… 79
　コミュニケーション主体 …………………………………… 80
　待遇コミュニケーションの5つの要素 …………………… 81
　プラス待遇・マイナス待遇 ………………………………… 86
　表現意図 ……………………………………………………… 87
　自己表現と相互尊重 ………………………………………… 88
　正しさ・適切さ ……………………………………………… 89
　印象・効果 …………………………………………………… 90
　言語表現・非言語表現 ……………………………………… 92
　媒体・媒材 …………………………………………………… 93

II. 丁寧さの原理 ………………………………………………… 94
　文話〈文章・談話(会話)〉 …………………………………… 94
　自己表出表現・理解要請表現・行動展開表現 …………… 95
　行動展開表現の構造 ………………………………………… 96
　行動展開表現と丁寧さの原理 ……………………………… 97
　あたかも表現 ………………………………………………… 99
　当然性 ………………………………………………………… 100
　理解要請表現の丁寧さ ……………………………………… 101
　行動展開表現から理解要請表現への回避 ………………… 102
　談話展開の丁寧さ …………………………………………… 103
　配慮表現 ……………………………………………………… 104

Ⅲ. 待遇コミュニケーションの諸相 ... 105
待遇コミュニケーションの諸相 ... 105
依頼 ... 106
依頼する　106／依頼を受諾する　111／依頼を断る　112
誘い ... 118
誘う　118／誘いを受諾する　122／誘いを断る　124／誘いを断られる　127
許可 ... 128
許可を求める　128／許可を与える　132／許可を与えない　133
指示 ... 136
指示する　136／禁止する　137
申し出 ... 139
申し出る　139／宣言する　142／申し出を受ける　143／申し出を断る　144
アドバイス（勧め） ... 145
アドバイスする（勧める）　145／アドバイスされる（勧められる）　149
話し合い ... 151
意見を言う　151／反対意見を言う　153
ほめ ... 156
ほめる　156／ほめられる　157
苦情 ... 159
苦情を言う　159

Ⅳ. 待遇コミュニケーションに関するQ&A ... 162
1 〈依頼と断り——仕事の依頼を断る〉 ... 162
2 〈予定変更の依頼〉 ... 164
3 〈依頼と断り——飲み会の幹事を断る〉 ... 166
4 〈依頼と受諾——仕事の依頼を受ける〉 ... 169
5 〈依頼——企業への協力依頼〉 ... 171
6 〈依頼——仕事の同僚に〉 ... 173
7 〈誘い——飲み会に先生を誘う〉 ... 175
8 〈勧め——先輩や上司に飲み物を〉 ... 176

9	〈指示——メールでゼミ生に〉	177
10	〈許可与え——ホテルの清掃員に〉	179
11	〈申し出——お年寄りに〉	180
12	〈申し出——先輩に手伝いを申し出る〉	181
13	〈アドバイス——進路に迷う友人に〉	182
14	〈アドバイス——上司に〉	184
15	〈挨拶・お礼——送別会で〉	185
16	〈ほめ——会社の先輩に〉	186
17	〈謝罪——取引先に〉	187
18	〈苦情——店員に〉	188
19	〈意見を言う——同僚に反対する〉	189

参考文献一覧 ………… 190
【付録】「敬語の指針」の概要 ………… 192

索引 ………… 194

第 1 章

敬語表現

I……敬語表現とは
II……敬語の種類
III……敬語表現の諸相
IV……敬語表現に関するQ&A

敬語表現とは，敬語を用いた表現のことです。これは，敬語を用いて表現するという行為と，その結果としての表現の両者を示す用語です。

　本章では，まず，第Ⅰ節で，敬語を用いて表現するという行為を考えるための基本的な枠組みを示します。表現主体，場面（人間関係と場），意識，内容，形式などについて解説しますが，これらは，第2章の「待遇コミュニケーション」でさらに詳しく扱います。

　第Ⅱ節では，敬語について体系的な整理を行います。敬語を考える際に特に重要になるのは，それぞれの敬語が持っている敬語としての性質（敬語的性質）です。その敬語的性質に従って敬語を整理，分類していきます。従来の3分類や5分類などとは異なる分類のしかた，敬語の名称を用いていますが，それらは敬語的性質に即して整理した結果であって，3分類，5分類と基本的な趣旨に大きな違いはありません。

　第Ⅲ節では，表現した結果としての敬語表現から敬語の働きを考えていきます。依頼の文章と談話をモデルにして，そこから文章や談話の中で敬語がどのように用いられ，機能しているかを検討します。敬語を用いて表現するという行為と，その結果としての表現のつながりを明らかにすることがねらいとなっています。

　そして第Ⅳ節では，Q＆Aを通じて，敬語や敬語表現に関するより深い理解を目指すことにします。

　敬語は，表現の中で見ていくことによって，その性質や働きもより明確なものになっていきます。本章では，その点を強調しておきます。そして，さらにコミュニケーションの中で敬語と敬語表現について考えていく重要性については，第2章で扱うことになります。

Ⅰ. 敬語表現とは

場面
人間関係と場の総称

　敬語表現においては，人間関係・場・意識・内容・形式という5つの要素が，それぞれ大きな役割を果たしています。その中でも特に，人間関係と場——すなわち「場面」に対する認識は重要です。すべての敬語表現は，まずは，この場面に対する認識から始まると言ってよいでしょう。

　相手が先生なのか，友達なのか，あるいは自分の親なのか。また，教室での会話なのか，自宅でのおしゃべりなのか，公的な会議での発言なのか。こういった事柄が，敬語表現を考える上で最も基本的な要素となります。自分，相手，話題の人物がどのような関係にあるのか，その場の状況や雰囲気，経緯や文脈はどのようなものなのか，ということに対する認識がしっかり行われないと，適切な敬語表現にはならないからです。

　本書では，自分，相手，話題の人物がどのような関係にあるのかを「人間関係」と呼び，敬語表現が行われる状況や雰囲気，経緯や文脈などを「場」と呼びます。そして，「人間関係」と「場」を総称する用語として，「場面」という言葉を用いることにします。

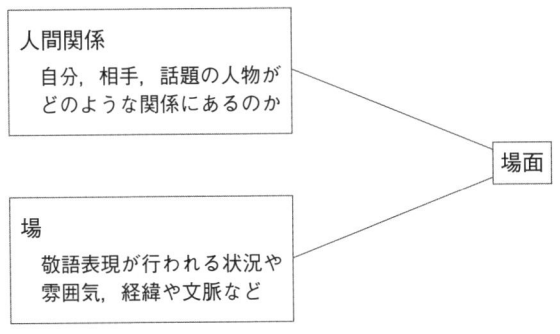

人間関係

　敬語表現における「人間関係」は，次の３つの観点から考えることができます。まず，敬語表現における表現主体が自らを認識した「自分」，次にその表現の「相手」，そしてその表現に登場する様々な「話題の人物」です。つまり，人間関係とは，敬語表現における自分と相手と話題の人物の関係を考え，それらを認識することを意味しています。適切な敬語表現は，まず人間関係に対する適切な認識に基づいて行われるものです。

　人間関係の捉え方は，次の３つの軸を中心に考えます。

　　人間関係の軸　・上下関係————上位者　／　下位者
　　　　　　　　　・親疎関係————親しい　／　親しくない
　　　　　　　　　・立場・役割————社会的な立場と役割

　上下関係に対する認識の問題には，上司と部下，オーナーと従業員のように，社会における決まりや常識からある程度客観的に決まってくる要素もありますが，表現行為としての敬語表現にとってより重要なことは，表現主体がどのように人間関係を認識しているのかということです。上下の関係といっても，あくまでも表現主体の認識に基づくものだからです。

　親疎関係に対する認識の問題にも，「10年以上つきあってきた友人」と「初対面のクラスメート」のように親疎の位置づけが明らかなものはありますが，上下関係と同様に，表現主体が親疎をどのように認識するのかという点が重要になります。例えば，客観的には10年以上のつきあいがあったとしても，主体同士の認識が一致しないこともあります。自分は親しい友人だと思っていたが，相手はただの知り合いとして認識していた場合，あるいはその逆などもあり得るでしょう。

　立場・役割に対する認識の問題も，教師と生徒・学生，上司と部下，客と店員のように，日本の社会的常識からある程度客観的に位置づけられるものはありますが，これも上下関係や親疎関係と同様に，表現主体がそれ

をどのように認識しているかということが重要です。また，教師と生徒といったある程度固定的な立場もあれば，客と店員といった臨時的な役割もあるなど，立場・役割にもその程度の違いや質の違いなどがあります。

以上のように，人間関係に対する認識は，「上下」「親疎」「立場・役割」の3つの軸を中心に考えますが，3つの軸に対する表現主体の認識のしかたが敬語表現において重要である点は確認しておきたいと思います。

■相手レベル

上下・親疎に対する認識と敬語表現には密接な関係があり，人間関係を「上・疎」として認識した場合に，敬語が用いられることになります。ここでは，相手について，その位置づけをレベル化したものを「相手レベル」と呼びます。「上・疎」の意識が強い方向をプラス，「下・親」の意識が強い方向をマイナスで示します。

相手レベル・0　…　同僚・初対面の人物など
相手レベル・＋1　…　上司・教師など
相手レベル・－1　…　後輩・友人・家族など

相手レベルは，人間そのものに対するレベルづけではなく，自分と相手との関係に対する適切な認識が敬語表現に用いる敬語や様々な言葉の選択に直結するという事実に基づいたものです。3段階で示すのは，あくまでも類型化することによってわかりやすくしようとすることが理由であって，上下関係を強調しようとするものではありません。

相手レベル・0　…　敬語表現における基本レベル
　「です・ます」を使用したもの。例：食べます，行きますか，など。

相手レベル・＋1　…　基本レベルより上のレベル
　「です・ます」に敬語動詞などを加えた（＋）もの。例：いただきます，いらっしゃいますか，など。

相手レベル・－1　…　基本レベルより下のレベル
　「です・ます」を用いない（－）もの。例：食べる（食う）よ，行く？など。

場

　敬語表現における「場」は，表現主体が認識する時間的・空間的な位置として規定されます。具体的には，表現主体が敬語表現を行う経緯・文脈，状況や雰囲気なども含む，「いつ・どこで・どんな状況で」を指します。

■場の軸　改まり／くだけ

　改まり／くだけは，その場が会議や研究発表会などの改まりの程度の高いものなのか，飲み会や休憩中などのくだけの程度の高いものなのかに対する認識を示します。また，電話なのかメールなのか，書類なのかメモ書きなのか，といったコミュニケーションの手段に関わる形態のことを「媒体」と呼びますが，媒体も一種の場として機能していると考えられます。

　場も，人間関係と同じように，表現主体の認識に基づくものであり，極めて動態的で主観的な部分も多い要素です。あまり固定的なものとして位置づけるのではなく，表現主体がある場に合わせたり，あるいは場を変えたり，新たな場を作ったりすることも重要な観点になります。

■場レベル

　相手レベルと同様に，場についても，「場レベル」として示します。レベルは改まり／くだけの軸を中心にして，改まりの度合いが高い（くだけの度合いが低い）場をプラス，改まりの度合いが低い（くだけの度合いが高い）場をマイナスで示します。

　　場レベル・０　…　日常生活の場など
　　場レベル・＋１　…　式典・会議・授業の場など
　　場レベル・－１　…　居酒屋での懇親の場など

　場レベルは，敬語の使い方にも関係し（特に丁重語，⇒P.29），イントネーションや文末表現など敬語表現全体の調子にも影響を及ぼします。

意識（きもち）
なぜ，なんのために，どのような気持ちで

　私たちのコミュニケーションには，何かを頼みたいから話をしている，というように意図が明確なものもあれば，意図があるとは言えないようなおしゃべりまで様々なものがあります。

　なぜ，なんのために，どのような気持ちでコミュニケーションをしているのか，ということは，コミュニケーションを考える際の重要な柱のひとつになります。これを「意識（きもち）」と呼びます。

　意識（きもち）は敬語表現だけでなく，すべての表現行為に存在すものですが，敬語表現においては，表現主体がその意識（きもち）を人間関係や場などに配慮しつつどのように伝えていくかという点が重要となります。敬語表現を行う目的の1つには，お互いに気持ちのよい，満足のいくコミュニケーションを達成させるということがあげられます。そのためには，自分だけでなく相手の意識（きもち）を考え，表現と理解の両面に様々な配慮や工夫をする必要があると言えるでしょう。

　意識（きもち）は重要なものですが，それは，心の中にあるものであり，目には見えないものであるため，表現主体がいくら相手に敬意を持っていても，親しみを感じていたとしても，それだけでは，その意識（きもち）は相手に伝わりません。意識（きもち）は，「内容（なかみ）」や「形式（かたち）」と連動することによって伝わるものとなります。例えば，依頼を表現意図とする敬語表現で考えてみると，相手レベル・+1の相手に何かを頼むときには，迷惑や負担をかけて申し訳ないという気持ちが前提となり，さらに，実現してくれたらありがたい，嬉しいという気持ちなどがあるでしょう。その意識（きもち）を，それにふさわしい「内容（なかみ）」や「形式（かたち）」に表していくことが大切になるわけです。

　ただし，そのような意識（きもち）を持つかどうかは，その相手とその依頼内容との関係によって決まってきますし，その依頼を表現主体がどのように認識しているのかによっても異なります。

内容（なかみ）
何を

　コミュニケーションをするということは，何かを伝えたいから，ということが根本にあります。その「何か」を「内容（なかみ）」と呼びます。敬語表現においても，伝えたい「何か」は，重要な柱になります。

　敬語表現というと，どのように伝えるか，どのような表現の工夫をするか，どういう敬語を選べばよいのか，といったことに重点が置かれがちですが，どう伝えればよいのかは，そもそも何を伝えるのかによっても決まってきます。

　例えば，依頼の敬語表現であれば，何をお願いするか，といった依頼の内容（なかみ）が重要です。相手が行動することで自分の意図を達成しようとするのが依頼表現ですので，その際，何を行動すればよいのかという依頼の内容（なかみ）が重要なものになることは言うまでもありません。しかし，依頼の敬語表現における内容（なかみ）はそれだけではありません。なぜあなたに依頼をするのかといった事情説明なども大切な内容（なかみ）です。具体的には，相手に迷惑や負担をかけてしまうことのお詫び，引き受けてくれたらありがたい，嬉しいといった感謝などにも言及することなどが必要になるでしょう。このように，内容（なかみ）は様々な要素によって構成されます。内容（なかみ）を適切に伝えるために，どのような工夫をするのか，という点が敬語表現においては欠かせない点となります。

　もちろん，この内容（なかみ）にも個別性があり，それぞれの表現主体によって何を内容に盛り込むのかは異なります。敬語表現を考える際には，単なる情報としての内容（なかみ）の伝達だけでなく，表現主体がどのようにその内容（なかみ）に関係しているか，その内容（なかみ）を伝えようとする理由は何か，など，内容（なかみ）だけを切り離して考えることなく，他の要素とともに連動させながら考えていくことが重要になります。

形式（かたち）
どのように

　敬語表現においては，どういう形式（かたち）で伝えるのかということも大切です。理解する側から見れば形式（かたち）がなければ，意識（きもち）も内容（なかみ）も知ることができないからです。表現する側にとっては，どちらかというと意識（きもち）や内容（なかみ）がより重要になるかもしれませんが，理解する側にとっては，形式（かたち）がなければ，内容（なかみ）や相手の意識（きもち）はわかりません。このように形式（かたち）は，どのように相手に伝えるか，どのように相手と伝え合うかに関わる重要な観点になります。

　形式（かたち）は，以下のようなもので構成されています。

　　　敬語を含む様々な言葉に関するもの────────────語彙
　　　言葉の使い方・組み合わせ方に関するもの──────────文法
　　　文や発話の展開や構成に関するもの──────────文章・談話
　　　音声・文字に関するもの──────────────発音・表記
　　　話し言葉（の敬語）か，書き言葉（の敬語）かの問題──────表現形態
　　　表情や態度など言語を越えたもの──────────────非言語行動

　つまり，形式（かたち）は，音声や文字，あるいは，その他の媒材を，耳に聞こえるように，目に見えるように，また，手に触れられるように，身体で感じられるようにする手段を作り出すことであると言えます。こうした様々な形式（かたち）は，表現行為の最終の段階であると同時に，理解行為の最初の段階として極めて重要な意味を持つものです。

　敬語表現における形式（かたち）としては，まず，「いらっしゃる」や「申し上げる」といった敬語や，「お（ご）～になる」「お（ご）～する」

といった敬語形式に関する問題などが取り扱われます。これらはもちろん重要な要素ですが，敬語表現において最も見えやすい部分であるだけに，敬語表現は，形式（かたち）の問題である，形式（かたち）が敬語表現のすべてである，と思わせてしまうことにつながるおそれがあります。敬語を勉強することや，敬語表現について考えるということは，「いらっしゃる」のような敬語を語彙や文法として勉強することである，つまり語彙や文法という形式（かたち）そのものが敬語や敬語表現の中心であると誤解してしまう人もいるでしょう。

　しかし，実際はそうではありません。敬語・敬語表現は人間関係・場・意識（きもち）・内容（なかみ）・形式（かたち）の5つの要素の連動によって成り立つものとして考えられます。

　形式（かたち）そのものが敬語・敬語表現であると考えてしまうと，敬語は所詮形式（かたち）にすぎないものだ，うわべだけのものだ，などといった誤解や反感を招くことになってしまいます。

　敬語表現も，他のすべてのコミュニケーションと同じように，常に，ある場面における意識（きもち）・内容（なかみ）との連動で考えていく必要があります。「いらっしゃる」という敬語を，語彙としての敬語としてだけ考えていたのでは，敬語表現における「いらっしゃる」の意味が見えてきません。「いらっしゃる」という敬語の持つ性質（⇒ P.16，敬語的性質）を理解した上で，敬語表現の「いらっしゃる」の使い方，使われ方をよく考えることが大切なのです。

　敬語表現における形式（かたち）は，敬語だけではなく，語・文・文章・談話のレベル，音声や表記の点，媒体の問題，さらに，関連する非言語行動も含むものです。そして，常に人間関係・場・意識（きもち）・内容（なかみ）との連動の中で捉えていく必要があるのです。

待遇コミュニケーションにおける敬語の捉え方

■**待遇コミュニケーション**

　敬語表現を，人間関係・場・意識（きもち）・内容（なかみ）・形式（かたち）という5つの要素から考えることは，敬語表現を待遇コミュニケーションという観点から扱うことにつながります。

　「待遇コミュニケーション」とは，あるコミュニケーション主体のコミュニケーション行為を，場面（人間関係と場の総称）に重点を置いて捉えようとする考え方です。待遇コミュニケーションは，コミュニケーションとは別に存在するものではなく，場面という観点を重視してコミュニケーション行為を捉えるという考え方です。待遇コミュニケーションにおける「待遇」とは，コミュニケーション主体が，場面をどのように認識して，表現行為，理解行為を行っているのか，ということです。

　したがって，待遇コミュニケーションは，コミュニケーションに待遇という観点を取り入れたもの，あるいは，従来の待遇表現に待遇理解という理解行為も含めてコミュニケーションを捉えようとしたものです。なお，待遇コミュニケーションについて詳しくは，第2章を参照してください。ここでは，敬語や敬語表現を待遇コミュニケーションの中で考えていくとはどういうことかに焦点を絞ります。

■**敬語コミュニケーション**

　敬語表現とは，敬語を使った表現のことです。それを待遇コミュニケーションの中で位置づけたものが，「敬語コミュニケーション」です。コミュニケーション主体Aが，表現主体として敬語表現を行い，コミュニケーション主体Bが理解主体としてその敬語表現を理解し，次にコミュニケーション主体Bが表現主体として敬語表現を行い，コミュニケーション主体Aが理解主体としてその敬語表現を理解する，というように，表現し，理解する，という行為（「やりとり」）が「くりかえし」行われるこ

とになります（下図参照）。このような敬語表現を通じたコミュニケーションのことを敬語コミュニケーションと呼ぶわけです。

　もちろん，実際の敬語コミュニケーションのあり方はかなり複雑です。コミュニケーション主体Aは敬語を用いて表現しても，コミュニケーション主体Bは敬語を用いずに表現することもあります。また，すべての表現に敬語を用いるわけではなく，そのコミュニケーションの展開によって，変化が起こる場合もあります。

　敬語コミュニケーションにおいて大切なのは，敬語をどのように捉えるか，という点です。「行く」の尊敬語は「いらっしゃる」で，謙譲語は「うかがう」である，といった敬語の語彙としての知識だけではありません。コミュニケーション主体が，表現，理解のやりとりとくりかえしの中で，「行く」という言葉をどのように表現し，どのように理解していけばよいのかについて考えることが必要です。このような捉え方が，敬語コミュニケーションの大きな特徴なのです。

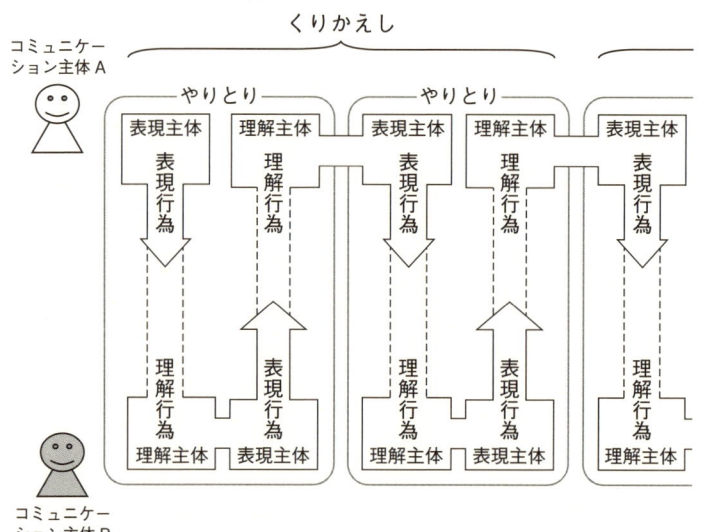

「やりとり」と「くりかえし」の図

敬語コミュニケーションにおける敬語の捉え方

　ここでは，敬語コミュニケーションにおける敬語の捉え方について，さらに詳しく見ていきます。

■言材としての敬語

　〈言材としての敬語〉は，例えば，頭の中に浮かぶ「イラッシャル」という敬語，「モウシアゲル」という敬語そのもののことを指します（〈「言材」としての敬語〉であることを示すために，カタカナで示します）。

　もちろん，「イラッシャル」という〈言材としての敬語〉は，実際には，「先生もいらっしゃいますか。」「早くいらっしゃい。」などという表現において用いられ，その表現における働きをしています。しかし，そのような実際の表現の中にある敬語は〈言材としての敬語〉とは区別して考えます。

　「言材」という用語は，言語を表現行為・理解行為そのものだと規定したとき，その言語の資材・材料の役割を持つということで名付けたものです。もちろん，資材・材料というのは，比喩的な表現です。より厳密な規定としては，個々のコミュニケーション主体において成立する，「概念と音概念・文字概念との回路」ということになります。簡単に言えば，頭に浮かぶ言葉そのもの，辞書の見出しになるような言葉，ということです。その意味では，言語（表現行為・理解行為）は，言材の集合によって成立しているということもできます。

　言材は，いわゆるラング（langue）に近い概念ではありますが，言語の社会的所産の面だとされるラングとはやや異なり，個々のコミュニケーション主体において成立するものと捉えています。当然，それぞれの言材の共通性や一般性はあるため，結果としてそれらが社会的所産のように見えるわけですが，実は一人ひとりの言材にはかなり相違があるということ，言材は固定的なものではなく常に更新されていくものであるという点が，ラングとの明確な違いです。

ただし，ここで〈言材としての敬語〉という捉え方をするのは，理論的にその規定に関する細かい点を問題にしたいということではありません。〈言材としての敬語〉という捉え方をしておくことで，実際の敬語表現の分析をするときにも有効な方法となることが重要なのです。
　「先生もいらっしゃいますか。」「早くいらっしゃい。」という表現に用いられている「いらっしゃい」は，〈言材としての敬語〉として捉えれば，「イラッシャル」という，どちらも共通の〈言材としての敬語〉を用いていることになります。しかし，実際の表現においては，「いらっしゃい」という共通の形ではあっても，その働きには大きな違いがあります。連用形と命令形という活用形の違いもありますが，それだけではありません。「先生もいらっしゃいますか」では，「イラッシャル」の持つ，「動作の主体を高くする」という「敬語的性質」（⇒P.16）がそのまま生きているのに対して，「早くいらっしゃい。」では，命令の表現の中で用いられているため，「動作の主体を高くする」という敬語的性質がそのまま生かされてはおらず，母親が子どもに指示をしているような表現になっています。
　だからといって，もちろん，「イラッシャル」自体に命令の意味があるわけではありませんし，「動作の主体を高くしない」という性質が加わるわけでもありません。つまり，〈言材としての敬語〉は，その敬語の本来的な性質を持つものであるのに対し，実際の表現の中で用いられる敬語は，その表現における意味や働きを伴っている，という違いがあるわけです。その点を無視すると，「いらっしゃる」は尊敬語（直接尊重語）だといっても子どもに使う場合もある，「いらっしゃる」は必ずしも動作主体を高めるとは言えない，などという妙な説明が出てきてしまうことになります。
　要するに，必要に応じて〈言材としての敬語〉という捉え方をしておくことで，実際の敬語表現における敬語を正当に位置づけることができるという点が重要なのです。

■文話における敬語・語句としての敬語

　実際の表現の中で用いられている敬語を，〈言材としての敬語〉と区別して，〈文話における敬語〉，あるいは，〈語句としての敬語〉と呼ぶこと

にします。「文話」というのは，文章と談話を総称した用語です。

〈文話における敬語〉という捉え方で重要なことは，文章や談話の中で言材としての敬語が生きた意味を持ってくるという点です。コミュニケーション主体は，ある場面において，意識（きもち）・内容（なかみ）・形式（かたち）を連動させながら，〈言材としての敬語〉を用いた表現行為と理解行為のやりとりとくりかえしによって文話を成立させます。

〈文話における敬語〉は，コミュニケーション主体が自らの待遇意識と言材としての敬語の持つ敬語的性質との関連において選択したものであるといえます。

例えば，コミュニケーション主体は，Ａという人物を高めるべき人物であると認識した上で，そのＡという人物自身，および，Ａという人物の状態・動作について高くするという敬語的性質を持つ敬語（例えば，「Ａサマ」「オッシャル」）を選択します。また，Ａという人物へ向かう動作については，（自分の動作は）高くしない＋（動作に関係する人物を）高くするという敬語的性質を持つ敬語（例えば，「モウシアゲル」）を選択します。このような一連の過程を経て文話を成立させる，という捉え方が〈文話における敬語〉〈語句としての敬語〉なのです。

要するに，敬語を〈言材としての敬語〉としてだけ見るのではなく，コミュニケーション主体の表現行為として成立するもの，あるいは，表現行為と理解行為のやりとりとくりかえしを通じて成立するものとして捉えることが，文話において敬語を見ていくということになるのです。そしてそれが，敬語を敬語コミュニケーションの中で位置づけていくという意味でもあるわけです。

敬語の捉え方について詳しく見ていくと，以上述べたような，〈言材としての敬語〉と〈文話における敬語〉〈語句としての敬語〉との区別は重要になります。しかし，実際の敬語コミュニケーションでは，その違いについて，非常に細かい点までこだわっているわけではありませんし，いちいち意識しながら表現・理解をしているわけではありませんので，通常の説明においては，その両者の違いは踏まえた上で，1つの敬語として捉えて記述していくことにします。

II. 敬語の種類

敬語的性質
敬語の敬語としての性質

「敬語的性質」とは，敬語が持っている敬語としての性質のことを指します。例えば，「おっしゃる」という敬語は，「言う」（という意味）に，「その〈言う〉という動作の主体を高くする」（という性質）が加わったものだと考えると，「動作の主体を高くする」というところが，ここで説明する敬語的性質にあたります。

ここでは個々の敬語について説明する前に，敬語的性質を理解するための要点を確認しておきましょう。

■敬語的性質と意識（きもち）

実際に敬語を使う場面（敬語コミュニケーションを行う場面）では，例えば「動作の主体を高くする」という敬語的性質と，相手や話題の人物に対する尊敬の気持ちを表したいといった意識とが，常に一致するわけではありません。

例えば，「○○さんがそうおっしゃいました。」という敬語表現の場合，「おっしゃる」という敬語が用いられていますが，そのときの意識としては，○○さんに対する尊敬の意識がある場合もあれば，特に尊敬という意識ではない場合もあるでしょう。単に，あまり親しくない人だから，上司と部下という立場上の人間関係があるから，という理由で敬語を使う場合もあるわけです。

つまり，敬語表現における「意識―尊敬の気持ち」と「敬語的な性質―動作の主体を高くする性質」が一致する場合もありますが，一致しない場合もあり，意識の問題と敬語的性質とに絶対的な結びつきはないというこ

とになります。

　そのため，敬語表現においては，敬語的性質と敬語を使うときの意識とは分けて考える必要がある言えます。敬語的性質と敬語を使うときの意識との結びつきが強いものだと考えると，「尊敬しない人には敬語を使いたくない」とか「謙譲語は自分を低くするのでいやだ」といった誤解を生んでしまいます。敬語的性質と意識が一致しなくても，社会的な人間関係やその時々の場に応じて敬語を使っていることもあるのです。

　重要なことは，一人のコミュニケーション主体として，敬語の使用に対する意識を持ち，その意識に対応する敬語を選んで，適切な敬語表現・敬語コミュニケーションを行うことです。尊敬していないけれど無理をして尊敬語を使うというのではなく，その人の立場や役割を尊重しているから尊敬語を選ぶ，ということが大切です。

■敬語的性質の諸相

　敬語的性質には，次のようなものがあります。

- （動作の主体を，動作に関係する人物を，事物を）高くする／高くしない
- （動作の主体を，動作に関係する人物を，事物を）低くする
- 恩恵の授受
- 改まり
- 丁重にする
- 美化する
- 丁寧にする

　例えば，「クダサル」という敬語には，動作の主体を「高くする」という敬語的性質と，動作の主体が「恩恵を与える」という敬語的性質の，2つの敬語的性質があります。

　これらの敬語的な性質を抽出した理由は，各敬語の敬語としての性質を明確にするためです。その結果として，同じ性質を持っている敬語を整理することができます。そして，各敬語の敬語的性質を理解し，実際に敬語

を使う場面における意識に対応する敬語を選ぶことによって，適切な敬語表現が行えるようになるということです。

　本書では，敬語を11種類に分けて整理しています。敬語は3種類だという整理——尊敬語・謙譲語・丁寧語——が広く行われていますが，「敬語の指針」(2007年2月，文化審議会答申，⇒P.192) では，敬語を5種類＋1で整理——尊敬語・謙譲語Ⅰ・謙譲語Ⅱ（丁重語）・美化語・丁寧語・謙譲語Ⅰ＋Ⅱ——しています。

　敬語の分類については，これ以外にも，2分類の整理——詞の敬語と辞の敬語，素材敬語と対者敬語など——，4分類の整理——尊敬語・謙譲語・美化語・丁寧語——など，いろいろな整理が行われています。本書では，敬語的性質によって敬語を整理し，11種類の敬語に区分して説明することにしました。しかし，分類すること自体が目的なのではありません。このように区分し整理することによって，敬語の理解を深め，実際の敬語表現，敬語コミュニケーションをよりよくするための有効な手段になると考えているからです。

　敬語の種類名は，その敬語が持つ意味を表すような工夫をしています。混乱を避けるために，一般的な敬語の種類名の代表として「敬語の指針」の5種類の名づけを先に出し，その後にハイフン（「—」）でつなげて本書で提唱する用語を掲げることにします。（例：尊敬語—直接尊重語）

　なお，次ページには，本書における敬語の分類，名称について，従来の3分類，5分類（「敬語の指針」）と対応させた表を掲げておきます。

〈敬語分類表〉

敬語例	11分類とその敬語的性質	5分類 (敬語の指針)	3分類
おっしゃる・ お書きになる	直接尊重語 　動作の主体を高くする	尊敬語	尊敬語
くださる	恩恵直接尊重語 　動作の主体を高くする＋恩恵		
御社・玉稿	相手尊重語 　相手に関するものを高くする		
伺う・ お会いする	間接尊重語 　動作に関係する人物を高くする＋ 　動作の主体を高くしない	謙譲語Ⅰ	謙譲語
いただく	恩恵間接尊重語 　動作に関係する人物を高くする＋ 　動作の主体を高くしない＋恩恵		
いたす・まいる	丁重語 　動作の主体を高くしない＋改まり	謙譲語Ⅱ (丁重語)	
弊社・拙稿	自己卑下語 　自分に関するものを低くする		
ご説明いたす・ 拝見いたす	尊重丁重語 　動作に関係する人物を高くする＋ 　動作の主体を高くしない＋改まり	謙譲語Ⅰ ＋ 謙譲語Ⅱ (丁重語)	
お天気・お弁当	美化語 　言葉をきれいにする	美化語	丁寧語
です・ます	丁寧文体語 　文章・談話全体を丁寧にする	丁寧語	
でございます・ であります	丁重文体語 　文章・談話全体を丁重にする		

敬語的性質

尊敬語—直接尊重語
動作・状態の主体を高くする

いらっしゃる／おっしゃる／お書きになる／書かれる／田中様

　いらっしゃる，おっしゃる，お書きになる，書かれる，田中様などといった敬語がこのグループに入る敬語で，尊敬語—直接尊重語と言います。このほかにも，お名前，ご住所，お忙しい，ご立派だ，令夫人などがあります。

　例えば，「いらっしゃる」は，「行く・来る・いる」の意味を表すとともに「行く・来る・いる人物を高くする」という敬語的性質を持っている敬語です。その動作を行う，あるいは，その状態にある人物ということなので，説明のためには「動作・状態の主体」という用語を使います。

「いらっしゃる」＝ 行く・来る・いる ＋ （その）動作・状態の主体を高くする

　ここで確認しておきたいことは，必ずしもその人物を尊敬するから尊敬語を使うわけではない，ということです。そのため，「尊敬」ではなく，「尊重」という用語を使っています。また，人物そのものや，その人物の直接の動作・状態・所有に関する尊重語であるため，「直接尊重語」となるわけです。

　以下は，直接尊重語の例と敬語的性質を表したものです。

「おっしゃる」＝ 言う ＋ 言うという動作の主体を高くする

「お書きになる」＝ 書く ＋ 書くという動作の主体を高くする

「書かれる」＝ 書く ＋ 書くという動作の主体を高くする

「田中様」＝ 田中という人物 ＋ その人物を高くする

　「おっしゃる」は「いらっしゃる」と同じ種類の直接尊重語です。もと

の意味の言葉（言う）とは別の形の言葉を使うタイプ（敬語専用動詞）の直接尊重語で，他には，召し上がる（食べる），ご覧になる（見る），召す（着る）などがあります。

　「お書きになる」「書かれる」は，もとの意味の言葉（書く）の形を変え，「お・ご〜になる」「〜（ら）れる」という敬語形式を用いたタイプの直接尊重語です。「（ある）動作の主体を高める」ために「お（ご）〜になる」「〜（ら）れる」という敬語形式を使っていますが，このような敬語形式はすべての動詞に使えるわけではなく，制約があります。例えば，「見る」の直接尊重語としては，「お見になる」という形は使わず，「ご覧になる」「見られる」を使います。他には，「検討する」に「〜なさる／される」という直接尊重語の敬語形式を用いた「検討なさる／検討される」，「利用する」に「ご〜なさる」という直接尊重語の敬語形式を用いた「ご利用なさる」などがあります。

　「田中様」は，「人物を高くする」という敬語的性質を持つ「様」を用いた直接尊重語で，「田中」という人物を直接高めています。「様」のほかには「殿」「上」などの敬語形式があり，「田中殿」「父上」などがその例です。

　お名前，ご住所，お忙しい，ご立派だ，なども直接尊重語で，「その物事に関わる人物を高くする」という敬語的性質を持っている「お・ご」を用いた敬語です。この場合の「お・ご」は，「あなた・あの方（の・が〜）」という意味があります。傾向として「お」は和語に，「ご」は漢語につくことが多いのですが，厳密なルールではありません。

　令夫人，令息，令嬢などの例は，「その人物自体を高くする」という敬語的性質を持っているという面で直接尊重語のグループに入りますが，「高くする」という敬語的性質の他に「かたい」という性質と，その人物（→夫人，息子，娘）だけでなく，その人物に関係する人物——例えば，夫人の夫にあたる人物や，息子・娘の親にあたる人物を「高くする」という敬語的性質が加わる点が，他の直接尊重語とは異なる部分です。なお，令息，令嬢などは，さらに「ご」をつけ，ご令息，ご令嬢のように使われることもあります。

尊敬語―恩恵直接尊重語　くださる／お書きくださる
動作・状態の主体を高くする＋動作・状態の主体からの恩恵

　くださる，書いてくださる，お書きくださる，ご記入くださる，などといった敬語がこのグループに入る敬語で，尊敬語―恩恵直接尊重語と言います。

　恩恵直接尊重語の核となる敬語は，「くださる」です。「くださる」は，「くれる」という意味と「だれがくれる」の「だれ」を「高くする」という敬語的性質を持っている敬語です。「だれ（が）」を高くする敬語であるという点は，人物を高くする敬語である直接尊重語と同じですが，それにその「だれ」が「恩恵を与える」という敬語的性質が加わります。

「くださる」＝ くれる ＋ （その）動作の主体を高くする ＋ （その）動作の主体からの恩恵

例えば，次のように使われます。

(1) A先生がこの本をくださいました。
(2) この本は，A先生がくださったものです。

「くださる」という敬語は，「くれる」という動作の主体であるA先生を高めるともに，そのA先生から恩恵を受けるということを表しています。

　次は「～てくださる」「お・ご～くださる」です。敬語的性質は「くださる」と同じです。形式としては，「～」の部分に動詞の連用形が入り，「お・ご」をつける場合は，基本的には，和語の動詞の場合は「お」，漢語の動詞の場合は「ご」をつけます。

「書いてくださる」＝ 書く ＋ 書くという動作の主体を高くする ＋ 書くという動作の主体からの恩恵

「お書きくださる」＝ 書く ＋ 書くという動作の主体を高くする ＋ 書くという動作の主体からの恩恵

「ご説明くださる」
＝ 説明する ＋ 説明するという動作の主体を高くする ＋ 説明するという動作の主体からの恩恵

「～てくださる」と「お・ご～くださる」の意味はほぼ同じですが，「お・ご～くださる」の形式を使った敬語のほうが，動作主体を高くする程度が高いと言えます。また，「ご～くださる」の場合は，「～てくださる」「お～くださる」に比べてかたい感じがあります。例えば，「（書類に）書いてくださる」と「（書類に）ご記入くださる」とを比較すると，意味はほぼ同じですが，「ご～くださる（ご記入くださる）」のほうが，かたい感じがあることがわかります。それは，敬語接頭辞「ご」および「記入」という漢語の性質に起因しています。

「お・ご～くださる」はすべての動詞に使えるわけではなく，制約がある場合もあります。例えば，「見る」の恩恵直接尊重語としては，「お見くださる」ではなく，「ご覧くださる」を使います。

続いて，直接尊重語の「お書きになる」と恩恵直接尊重語の「書いてくださる／お書きくださる」を比較してみます。

(3)　先生が論文を<u>お書きになる</u>。
(4)　先生が推薦状を<u>書いてくださる／お書きくださる</u>。

(3)は，書く主体である先生を高くするだけで，先生の書くという動作については客観的に表すことになります。それに対して，(4)は書く主体である先生を高くするだけでなく，その書く動作の主体である先生が自分に恩恵を与えるという捉え方をしているという点が加わっているのです。

尊敬語―相手尊重語
相手に関するものを高くする

貴社／玉稿

　御社(おんしゃ)，貴校，貴社，玉稿などの敬語がこのグループに入る敬語で，尊敬語―相手尊重語と言います。

　例えば，「御社」は，会社を高める敬語ですが，「相手の（相手が所属している）会社」という意味で，相手と相手の会社をともに「高くする」という敬語的性質を持っています。

　「御社」＝ 相手の会社 ＋ 相手と相手の会社を高くする

　相手と相手に関する事物に対して直接使い，それらを「高くする」という敬語的性質があるので，直接尊重語としての敬語的性質を持っていると言えますが，直接尊重語とは異なる点があります。それは，直接尊重語は話題の人物に対しても使うことができる敬語ですが，相手尊重語は相手に対してのみ使える敬語であるという点です。例えば，「御社」というのは，相手の会社だけに限定されて使われます。つまり，「御社の方針についてお聞かせください」のような使い方は問題ありませんが，「あなたのお父さんがお勤めの御社はどちらですか。」などという使い方はできません。

　このように相手尊重語は，目の前にいる人物や直接の相手に対して，その相手に関する物事に使う敬語なのです。

　「あなたの～」「あなたがたの～」が入っているという点では，直接尊重語（たとえば，お名前，ご住所）と同じですが，「御社」「玉稿」は直接の相手にしか使えない相手専用の尊重語という意味で「相手尊重語」と呼びます。

　相手尊重語は，日常的に使われるタイプの敬語ではなく，漢語であることによるかたさを伴い，改まった場で用いられることが多い敬語だと言えます。

謙譲語Ⅰ―間接尊重語
伺う／申し上げる／お会いする／ご説明申し上げる／拝見する
動作に関係する人物を高くする+動作の主体を高くしない

　伺う，申し上げる，お会いする，ご案内する，お知らせ申し上げる，ご説明申し上げる，拝読する，拝見する，などといった敬語がこのグループに入る敬語で，謙譲語Ⅰ―間接尊重語と言います。

　例えば，「伺う」は，「聞く・尋ねる・訪ねる」の意味を表すとともに「だれに（だれから）聞く・尋ねる・訪ねる」の，その「だれ」を「高くする」という敬語的性質を持っている敬語です。「聞く・尋ねる・訪ねる」ことを行う動作の主体ではなく，「だれに・だれから（聞く）・だれに（尋ねる）・だれを（訪ねる）」の「だれ」，つまりその動作に関係する人物を高くする敬語なのです。動作の主体を直接高くするのではなく，その動作に関係する人物を高くするという点から，間接的に尊重するという意味で「間接尊重語」と呼んでいます。

「伺う」＝ 聞く・尋ねる・訪ねる ＋ 聞く・尋ねる・訪ねるという動作に関係する人物を高くする ＋ 聞く・尋ねる・訪ねるという動作の主体を高くしない

　なお，この間接尊重語には，「動作の主体を高くしない」という敬語的性質があります。「伺う」の場合，「聞く・尋ねる・訪ねる」という動作をする主体を高くしないということになります。従来の敬語の説明では「自分を低くする」という記述が多く見られました。「高くしない」と「低くする」，どちらも同じように見えるかもしれませんが，相互尊重を基本的概念とする現代日本語の敬語において「自分を低くする」という概念は一部の敬語（⇒ P.31，謙譲語Ⅱ―自己卑下語）以外には適切ではない場合が多いでしょう。

　例えば，「皆さまに申し上げます」と言うとき，言う主体である自分を低くしているというよりは，話を聞く対象である「皆さま」を高くしているという意識が強いでしょう。そのことから考えると「動作に関係する人

物を高くする」という間接尊重語の敬語的性質が浮き彫りにされてきます。

「申し上げる」＝ 言う ＋ 言うという動作に関係する人物を高くする ＋ 言うという動作の主体を高くしない

　実際に間接尊重語を使う場面や意識などを考えた場合でも「自分を低くする」という意識よりは，「自分ではなく相手（や話題の人物）を高くしたい」という意識が働いているでしょう。したがって，「低くする」のではなく，「高くしない」という用語で敬語的性質を説明する必要があるのです。

　間接尊重語には「お・ご～する／申し上げる」という敬語形式が多用されますが，「拝～する」という形もあります。「拝読する」「拝見する」「拝借する」「拝聴する」「拝受する」などです。この「拝～する」は漢語系の動詞となるため，ややかたく改まった語感を持つ敬語となります。

「拝受する」＝ 受ける ＋ 受けるという動作に関係する人物（→受けたものをくれた人物）を高くする ＋ 受けるという動作の主体を高くしない

　間接尊重語は主に自分（側）の行動に使う敬語で，自分（側）の行動が相手（や話題の人物）に関係がある場合に成立します。間接尊重語の使用で不自然さを感じた場合は，自分の行動に関係のある相手が存在するか，間接尊重語を使って敬語化している動作（事柄・場面・文脈など）が相手に関係があるかといった点をチェックする必要があります。

（1）? 昨日はビールを<u>お飲みし</u>ました。
（2）? 20時にそちらに<u>お着きし</u>ます。

　(1)も(2)も「お～する」という間接尊重語を使っていますが，不自然さがあります。「飲む」や「着く」という動詞は，「だれに」や「だれと」が不要な動詞で，自分の動作が関係する人物が認められないからです。

謙譲語Ⅰ—恩恵間接尊重語　いただく／さしあげる／お書きいただく／書いてさしあげる

動作に関係する人物を高くする＋動作の主体を高くしない
＋動作に関係する人物からの恩恵

　いただく，さしあげる，書いていただく，お書きいただく，ご記入いただく，書いてさしあげる，などといった敬語がこのグループに入る敬語で，謙譲語Ⅰ—恩恵間接尊重語と言います。このグループの敬語は，「いただく系」と「さしあげる系」に分けられます。

　まず，「いただく系」です。「いただく」は，「もらう」という意味に「だれに／だれから（もらう）」の「だれ」を「高くする」という敬語的性質が加わった敬語です。そして，「だれがもらう」の「だれ（が）」を「高くしない」という敬語的性質があります。ここまでは間接尊重語と同じですが，さらに「だれに／だれから」の「だれ」から「恩恵を受ける」という敬語的性質が加わります。

「いただく」＝ もらう ＋ (その)動作に関係する人物を高くする ＋ (その)動作の主体を高くしない ＋ (その)動作に関係する人物からの恩恵

　「〜ていただく」と「お・ご〜いただく」も同様に考えることができます。これらの敬語では，動作の主体と動作に関係する人物が異なるという点に注意しなければなりません。

(1)　わたしはA先生に推薦状を書いていただいた／お書きいただいた。

　例文(1)では，動作の主体「だれが」にあたるのは「わたし」で，動作に関係する人物の「だれに」にあたるのは「A先生」ということになります。恩恵間接尊重語は「だれが」ではなく，「だれに」を高くする敬語で，その高くする人物からの恩恵を表しているということがポイントなのです。

「書いていただく」
= 書 + 書いていただくという動作に関係する人物を高くする（→書く人物を高くする） + 書いていただくという動作の主体を高くしない（→書いてもらう人物を高くしない） + 書いていただくという動作に関係する人物（→書く人物）からの恩恵

「ご説明いただく」
= 説明する + 説明していただくという動作に関係する人物を高くする（→説明する人物を高くする） + 説明していただくという動作の主体を高くしない（→説明してもらう人物を高くしない） + 説明していただくという動作に関係する人物（→説明する人物）からの恩恵

　「〜ていただく」と「お・ご〜いただく」の意味はほぼ同じですが，「お・ご〜いただく」の形式を使った敬語のほうが動作に関係する人物を高くする程度が高いと言えます。また，「ご〜いただく」は，「〜くださる」「お〜くださる」に比べてかたい感じがあります。
　次に「さしあげる系」の敬語です。（〜を）さしあげる，書いてさしあげる，などがあります。

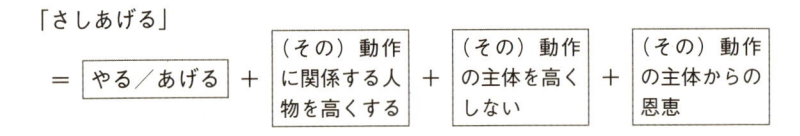

「さしあげる」
= やる／あげる + （その）動作に関係する人物を高くする + （その）動作の主体を高くしない + （その）動作の主体からの恩恵

(2)　あなたにこの本をさしあげます。
(3)　わたしが書いてさしあげます。

　(2)の「さしあげる」は，「あなたを高くする」＋「わたしを高くしない」＋「わたしから恩恵を与える」という敬語的性質があります。(3)も(2)と同様ですが，(2)より（わたしがあなたに）恩恵を与えるということが強く感じられます。このように，さしあげる系は，恩恵の与え手が動作の主体であり，いただく系は，恩恵の与え手が動作に関係する人物であるという違いがあります。しかし，どちらも間接尊重語であり，恩恵の授受という敬語的性質を持つという共通点があるため，恩恵尊重間接語として分類されます。

謙譲語Ⅱ―丁重語　いたす／おる／ござる／まいる／もうす
動作の主体を高くしない＋改まり

　謙譲語Ⅱ―丁重語と呼ばれる敬語は限られています。主に使われる動詞とその意味をまとめましょう。

　　いたす（する）
　　おる（いる）　／　〜ておる（〜ている）
　　ござる（ある）
　　存じる・存ずる（思う・知る）
　　まいる（行く・来る）　／　〜てまいる（〜て行く・〜て来る）
　　もうす（言う・話す）

　丁重語の敬語的性質は「動作の主体を高くしない」＋「改まり」です。間接尊重語と比較してみるとその性質が分かりやすくなります。間接尊重語の「伺う」と丁重語の「まいる」を比べてみましょう。

　(1)　（私が）これからA先生のお宅に伺います。
　(2)　（私が）これからA先生のお宅にまいります。
　(3)　（私が）これから弟の家に伺います。…（×）
　(4)　（私が）これから弟の家にまいります。…（○）

　(1)の「伺う」は，「（家を訪ねるという）動作の主体である私を高くしない」＋「（家を訪ねるという）動作に関わる人物であるA先生を高くする」という敬語的性質を持っている間接尊重語です。文の意味は(2)も(1)と同じなので，(1)と同じようにA先生に対する敬語として考えられがちです。しかし，(2)の「まいる」は，「動作の主体である私を高くしない」という敬語的性質の面では(1)と共通していますが，「動作に関わる人物であるA先生を高くする」という敬語的性質は持っていません。つまり，(2)は「まいる」を使っていますが，A先生を高くしてはいないということになります。(2)は「（家を訪ねる／家に行くという）動作の主体や動作に

謙譲語Ⅱ―丁重語

関係する人物を高くする」のではなく，(2)の表現の相手((2)を聞く・読む人物)や(2)が表現される場(例えば，報告など)を意識して，改まりの気持ちを伝えようとするときの表現なのです。

　このように丁重語が間接尊重語と決定的に異なる点は，「動作に関係する人物を高くしない」という敬語的性質です。この点は，(3)と(4)の例を見るとわかりやすくなるでしょう。間接尊重語である「伺う」には，「動作に関係する人物を高くする」という性質があるため，高める対象としては適切ではない弟を高くしてしまうことになり，その点で(3)は誤用となるのです。それに対して，丁重語である「まいる」には，そうした性質はないため，(4)は成立するわけです。まとめると次のとおりです。

「まいる」= 行く・来る + (その)動作の主体を高くしない + 改まり

　「改まり」という敬語的性質は場と関係が深く，改まった場に対する配慮(意識(きもち))で，使われる場合が多く，コミュニケーション全体を丁重なもの／改まった感じのものにします。

　なお，「先週，A先生のお宅に伺ったよ」とは言いますが，「先週，A先生のお宅にまいったよ」とは言いません。丁重語は，通常「ます」を伴って用いられます。特に文末に用いられる場合は「ます」を必ず伴います。「ます」を伴って用いられるということは，丁重語には「ます」を使わなければならない相手や場に対して使われる敬語的性質がある，ということになります。

　また，「A先生のお宅にまで伺っちゃいましてね」とは言いますが，「A先生のお宅にまでまいっちゃいましてね」とは言いません。くだけた調子で言うことができないのです。これも丁重語の「改まり」という敬語的性質に起因しています。

謙譲語Ⅱ—自己卑下語
自分に関するものを低くする

弊社／拙稿／小生／愚息

　弊社，小生，小社，拙稿，愚息などの敬語がこのグループに入る敬語で謙譲語Ⅱ—自己卑下語と言います。

　例えば，「弊社」は，自分の（所属している）会社という意味で，「自分と自分の（所属している）会社を低くする」という敬語的性質を持っています。

「弊社」＝ 自分の会社 ＋ 自分と自分の会社を低くする

　御社，玉稿などの相手尊重語とは正反対の性質（高くする⇔低くする）の敬語です。「低くする」とはっきり言えるのは，「弊社」の「弊（よくない）」，「拙稿」の「拙（つたない）」のように，自分（側）の物事に対して自ら卑下する言葉を用いているからです。それで「自己卑下語」と言うのです。

　相手（側の物事を含めて）に配慮するためには，相手を直接に高くする方法もありますが，自分を低くする方法もあります。実際には「よくない（弊）・つたない（拙）」と思っていなくても，謙遜して・謙って表現することによって，結果的に相手に対する敬意を表すことになるのです。

　また，この自己卑下語は，実際には「よくない・つたない」と思っていなくても謙遜して使うということで非常に形式的な感じを与える敬語でもあります。

　さらに，自己卑下語は，「弟の勤める弊社」「妹が書いた拙稿」などのように話題の人物には使えない敬語で，あくまでも自分に対して使う敬語です。

　他の例としては，「小生」（→私）「小社」（→会社）「愚息・豚児」（→息子）「荊妻」（→妻）などがありますが，いずれも自分（側の人物や物事）に対する謙った言い方で，「低くする」敬語の典型的な例です。

謙譲語Ⅰ＋謙譲語Ⅱ―尊重丁重語
動作に関係する人物を高くする＋動作の主体を高くしない＋改まり

ご説明いたす／拝見いたす

　ご説明いたす，拝見いたすなどの敬語がこのグループに入る敬語で，謙譲語Ⅰ＋謙譲語Ⅱ―尊重丁重語と言います。このグループの敬語は，謙譲語Ⅰ―間接尊重語と謙譲語Ⅱ―丁重語の性質を併せ持つ敬語です。尊重丁重語は，「お・ご～いたす」「拝～いたす」を用いた形式に限られています。

　例えば，「ご説明いたす」は，「説明する」という意味に次の三つの敬語的性質が加わったものです。

　　「ご説明いたす」＝ 説明する ＋ⅰ＋ⅱ＋ⅲ

　　　ⅰ） 説明するという動作に関係する人物を高くする
　　　　→説明を聞く・読む人物を高くする

　　　ⅱ） 説明するという動作の主体を高くしない
　　　　→説明をする（話す・書く）人物を高くしない

　　　ⅲ） 改まり
　　　　→相手や場に対する改まりを表す

　ⅰとⅱは謙譲語Ⅰ―間接尊重語の敬語的性質です。敬語形式は，「ご～する」です。ⅱ）とⅲ）は，謙譲語Ⅱ―丁重語の敬語的性質です。敬語形式は「～いたす」です。つまり，「ご説明いたす」は，「ご説明する」（間接尊重語の敬語的性質，ⅰ＋ⅱ）と「説明いたす」（丁重語の敬語的性質，ⅱ＋ⅲ）の，両方の性質を持った敬語（ⅰ＋ⅱ＋ⅲ）なので，尊重丁重語と言うのです。

　他の例としては，ご報告いたす，ご検討いたす，お願いいたす，お知らせいたす，拝読いたす，拝聴いたす，拝見いたす，などがあります。

尊重丁重語の性質について，他の敬語形式と比較しながら確認しましょう。次の例文の相手は田中さん，話題の人物は鈴木さんです。

(1) 田中さん，この件について鈴木さんにご説明しました。
(2) 田中さん，この件について鈴木さんに説明いたしました。
(3) 田中さん，この件について鈴木さんにご説明いたしました。

　(1)は相手の田中さんには「ます」（⇒ P.36, 丁寧文体語）のみを使っていますが，動作に関係する（説明を聞く）話題の人物の鈴木さんには，間接尊重語の「ご説明する」を使っていますので，鈴木さんを高めるという意識が強く働いていると言えます。(2)は，丁重語の「説明いたす」を使っています。これには動作に関係する人物である鈴木さんを高くするという敬語的性質はありません。しかし，相手である田中さんには丁重語の「説明いたす」と「ます」を使っているので，丁寧なだけでなく，改まって伝えていることになります。つまり，鈴木さんではなく，田中さんに対する敬語的な意識が強く働いていると言えるのです。(3)は尊重丁重語の「ご説明いたす」を使っているので，動作に関係する（説明を聞く）人物である鈴木さんを高くする（→「ご説明する」の間接尊重語）と同時に，相手の田中さんに対しては改まって伝えている（→「説明いたす」の丁重語）ことになります。つまり，鈴木さんを高め，田中さんには改まって丁寧に伝えている，という両者への意識が同時に働いているのです。

　例文の(1)～(3)の分析は，(3)の尊重丁重語が一番よいということを述べたいのではなく，尊重丁重語の特徴（敬語的性質）と，だれに（どこに／何に）対して敬語表現における意識（きもち）を強く働かせるかという点を確認するためのものです。動作に関係する人物（鈴木さん）に意識（きもち）を強く表したいなら(1)を，相手（田中さん）になら(2)を，両方（鈴木さんと田中さん）になら，(3)を選ぶことができるということです。
　(1)～(3)の中，どれを選んで敬語表現を行うかは，人間関係，場だけでなく，意識（きもち）・内容（なかみ）・形式（かたち）などが総合的に考慮されて決まってくると言えるでしょう。

美化語—美化語
言葉や事物をきれいにする

お天気／お酒／ごはん／ごほうび

　お天気，お花，お酒，ごはん，ごほうびなどの敬語は，人物を高くする，高くしない，低くする，などといった敬語的性質を持っている敬語ではなく，事物をきれいにする，つまり「美化する」敬語です。事物そのものではなく，その言葉や言葉遣いをきれいにする敬語，美化する敬語とも言えます。これらは「美化語」と名付けられています。

(1)　きれいなお花が咲いていますね。
(2)　お酒は百薬の長なんだよ。
(3)　今日は本当にいいお天気ですね。
(4)　一緒にごはんを食べに行きましょうよ。
(5)　今回のテストは90点も取れたからごほうびをあげましょう。
(6)　後輩の結婚式に5万円の御祝儀を渡しました。

　動作の主体を高めたり，動作に関係する人物を高めたりするために使う敬語とは異なり，美化語は自分の言葉・言葉遣いに対して使う敬語です。美化語は，物事をきれいに表現することによって，自分の品格を保持する，文話をきれいにするといった役割の敬語として位置づけされます。

　美化語は，主に名詞に「お」や「ご」をつけて作ります。また，基本的には，「お」は和語や日常的によく使う漢語・字音語（お料理・お電話など）に，「ご」は漢語につきます。

　同じ「お・ご」を用いた美化語でも，様々な種類のものがあります。
　例えば，「お花」「お天気」のように「お・ご」がついていない形（花，天気）でも，美化語と大きくは印象が変わらないものもあります。その一方，「お金」「お米」「お菓子」「お茶」「お弁当」のように，「お」がついて

いない形（金，米，菓子，茶，弁当）だと，多少乱暴な印象を与えるものもあります。

また，「おなか」「おにぎり」のように「お」がついていない言葉（なか，にぎり）とは意味が異なるものもあれば，「おかず」「ごちそう」のように「お・ご」がついていない言葉（かず，ちそう）だと，意味が通じない，あるいは，現代日本語では使わない言葉になってしまうものもあります。「ご飯」は，「はん」ではなく「めし」との対応で美化語となっています。

「お」や「ご」のついた言葉が美化語であるのか，あるいは他の敬語（直接尊重語，間接尊重語）であるのかは，その言葉だけを取り出して考えてもわかりません。

文話における人間関係や内容などをもとに，動作に関わる人物を高めているか，その物の持ち主を高めているか，だれも何も高めていないか，など様々な観点から考える必要があります。

(7) これは佐藤先生がくださった<u>お手紙</u>です。
(8) あ，すみません。これは私が佐藤先生にお渡しした<u>お手紙</u>です。
(9) 幼稚園では<u>お手紙</u>を書く練習をしているようですよ。

言葉の形はすべて同じ「お手紙」ですが，(7)は，佐藤先生が書いた手紙ということで，直接尊重語です。(8)は，私が書いた手紙ですが，その手紙を読む人（動作の向かう先）を「高くする」敬語である間接尊重語だと言えます。(9)は，子どもが書く手紙ですが，「お」をつけることによって（子どもが書いた）手紙そのものではなく，手紙という言葉をきれいに，あるいは言葉遣いを丁寧にしていますので，美化語として考えることができます。

丁寧語—丁寧文体語　　です／ます
文章・談話を丁寧にする

　「です」と「ます」がこのグループに入る敬語で，丁寧語—丁寧文体語と言います。「です・ます」は，「文話全体を丁寧にする」という敬語的性質を持っています。したがって，「です・ます」の持つ敬語的性質は，「です・ます」の前に来る語句とは直接関係がなく，ただ文話全体を丁寧なものにするだけです。また，いらっしゃる，申し上げるなどの敬語とは違って，敬語的な概念だけを表す敬語です。

　「です・ます」は，その文話の内容（なかみ）とは直接関係なく，主に相手に対して丁寧な感じを与える／丁寧な意識（きもち）を伝える敬語です。つまり，だれかを高くしたり，だれかの恩恵を表したりする敬語ではなく，コミュニケーション（文話）における相手に配慮して用いられる敬語なのです。

　「です・ます」は，何かの事柄ではなく，コミュニケーションの相手に対する敬語なので，初対面，改まった場面，目上の人物とのやりとりなど，言葉遣いに「丁寧さ」が要求される場面における基本的な文体であると言えます。したがって，特に話し言葉において「です・ます」が期待される場面で，「です・ます」を使わない表現（いわゆる「ため口」）は失礼な印象を与えることになります。その意味では，「です・ます」を使うか使わないかは，敬語表現において重要な選択になると言えるでしょう。

　なお，「です・ます」は，人間関係の相手レベル・0（⇒P.5）の人物に対する基本的なレベルで用いられる敬語です。「いらっしゃるの。」「おっしゃいな。」など，敬語動詞は用いられているものの「です・ます」は用いられない文体もありますが，これは，文話としては，相手レベル・+1ではなく，むしろ相手レベル・−1であると考えられます。

丁寧語―丁重文体語
文章・談話を丁重にする

であります／でございます

「であります」と「でございます」がこのグループに入る敬語で、丁寧語―丁重文体語と言います。

「であります・でございます」は、「文話全体を丁重にする」という敬語的性質を持っています。「丁寧」と「丁重」の関係は、「丁寧に改まりが加わると丁重になる」ということで説明できます。式典でスピーチをするときや大きな会議で報告をするときなどに感じられる意識が「改まり」です。これには、同時に「形式的・かたい」という感じもあります。

「丁重」（であります・でございます）＝ 丁寧（です・ます） ＋ 改まり

「丁重」「改まり」の性質は、以下の例から確認できます。

(1) 今、紹介してもらったＡです。よろしくお願いします。
(2) ただいま、ご紹介にあずかりましたＡでございます。よろしくお願いいたします。

(1)と(2)は同じ事柄を表していますが、その丁重の度合いが違います。(2)のほうがその度合いが高く感じられます。(2)には「でございます」という丁重文体語だけでなく、尊重丁重語の「お願いいたします」も使われており、それらには丁重が含まれているからです。

丁重文体語は、「文話全体を丁重にする」という敬語的性質以外は丁寧文体語と性質がほとんど同じです。ただし、敬語にする内容（なかみ）が丁重にするのにふさわしいものである必要があります。また、丁重文体語が使われた場合は、それに伴って、文話の中の他の敬語も丁重文体語にふさわしい敬語にしなければなりません。

敬語の周辺
敬語的な言葉

　敬語的な言葉とは，厳密には敬語ではありませんが，敬語のように使われる言葉で，敬語に近い性質を持っているもののことです。ここで紹介する言葉には，オッシャルやウカガウのように，その言葉における敬語的性質があるわけではありません。同じ意味，あるいは近い意味の他の言葉と比べて，敬語に似ており，敬語のような印象を与えるということです。

　敬語的な言葉について考える際には，まず「改まり」が大きなポイントになります。

　例えば，「今日」と「本日」という言葉を，改まった場においてどちらを用いるかという観点で比較してみると，「本日」のほうがより改まった印象のあることがわかります。

　下のペアは，いわゆる「普通の言葉」と敬語的な言葉です。前者より後者のほうに，敬語に近い印象が強いということがわかります。

　　さっき　―　さきほど（先程）　　あとで　―　のちほど（後程）
　　どう　―　いかが　　　　　　　　だんだん　―　次第に
　　やっぱ・やっぱし　―　やっぱり　―　やはり

　なお，「改まり」（⇒ P.6）と対比的な概念としては，「くだけ」などがあります。「やっぱ・やっぱし」などは，やや「くだけ」の強い言葉だと言えます。

　下の例文の(1)と(2)を比較してみましょう。(1)も敬語表現としては問題ないものですが，(2)のほうが全体的に「改まり」の度合いが高いことがわかります。

(1)　<u>今日</u>は忙しい中，集まっていただいて，ありがとうございます。ご覧になった映像は<u>どう</u>でしたか。感想については，<u>あとで</u>ぜひ伺いたいと思います。

(2) <u>本日</u>はお忙しい中，お集まりいただき，ありがとうございます。ご覧いただいた映像は<u>いかが</u>でしたか。ご感想については，<u>後程</u>ぜひ伺いたいと思います。

このように敬語的な言葉は，敬語そのものではありませんが，文話のなかで敬語と一緒に用いられ，より改まりの高い敬語表現にする働きをしています。

改まった印象や丁寧な印象に関わるのは，「改まり」の言葉以外にも様々なものがあります。

例えば，和語より漢語のほうが改まった印象があります。「買う」と「購入」，「書く」と「記入」や「執筆」などの例からも確認できます。

話し言葉より書き言葉のほうが，改まった印象があります。

「ここ・こっち」より「こちら」が，「あっち」より「あちら」が，「やっぱり」より「やはり」が，より改まった印象，丁寧な印象があり，より敬語的だと言えます。

縮約されている形より本来の形が丁寧な印象があります。(3)と(4)より(3)'と(4)'のほうが丁寧な印象があり，より敬語的な表現であると言えます。

(3) 大学では日本語を専攻<u>してます</u>。
(3)' 大学では日本語を専攻<u>しています</u>。
(4) 課長，お送りしたファイルを確認<u>しといて</u>いただけますか。
(4)' 課長，お送りしたファイルを確認<u>しておいて</u>いただけますか。

他には，当然のことながら，卑俗な言葉は敬語表現には合いません。例えば，「食いやがる」「ケツ（尻）」「くたばる（死ぬ）」「ずらかる（逃げ去る）」などは，文話における他の言葉をいくら敬語化しても，文話自体が敬語表現にはならず，皮肉や冗談，あるいは，本来の敬語表現とは大きく異なるものになってしまうでしょう。

Ⅲ. 敬語表現の諸相

依頼の文章

　依頼のＥメールを例として，どのような敬語がどのように用いられているのかを検討してみましょう。このメールの表現主体は小川一郎（T出版企画部長），相手は山田花子（大学教員，相手レベル・+1）です。

　表現意図はシンポジウムのパネリストを依頼したいということ，内容は，シンポジウムを開催する趣旨，依頼の事情説明，依頼，などとなります。

山田花子先生

T出版の小川一郎でございます。いつもお世話になっております。
さて，このたび弊社では20周年企画の一環として，敬語表現に関するシンポジウムを開催することになりました。
つきましては，先生にぜひパネリストのお一人として御参加いただきたいということで，メールをさしあげた次第です。
シンポジウムは，来年3月中の実施を予定しておりますが，日程につきましては，先生方の御都合を伺った上で，調整いたします。
お忙しいところ恐縮ではございますが，何卒，お引き受けくださいますよう，よろしくお願い申し上げます。
なお，企画案を添付いたしましたので，御参照ください。

T出版企画部長　小川一郎

最初に，敬語が用いられている箇所をすべて□で示しておきます。全体に，多くの敬語が用いられていることがわかります。

山田花子|先生|

T出版の小川一郎|でございます|。いつも|お世話|に|なっており|ます|。
さて，このたび|弊社|では20周年企画の一環として，敬語表現に関するシンポジウムを開催することになり|まし|た。
つき|まし|ては，先生にぜひパネリストの|お一人|として|御参加いただき|たいということで，メールを|さしあげた|次第|です|。
シンポジウムは，来年3月中の実施を|予定しており|ます|が，日程につき|まし|ては，|先生方|の|御都合|を|伺った|上で，|調整いたし|ます|。
|お忙しい|ところ恐縮|ではございます|が，何卒，|お引き受けください|ます|よう，よろしく|お願い申し上げ|ます|。
なお，企画案を|添付いたし|まし|たので，|御参照ください|。

T出版企画部長　小川一郎

　以下，これらの敬語について，それぞれの敬語的性質に従って見ていきましょう。

■高くする敬語

　□と▨で囲んだ敬語が「高くする」という性質を持った敬語です。高くする敬語は，直接尊重語・恩恵直接尊重語・相手尊重語だけではなく，間接尊重語・恩恵間接尊重語も含まれます。直接尊重語類（恩恵直接尊重語を含む）と相手尊重語は□で，間接尊重語類（恩恵間接尊重語を含む）は▨で表示します。

山田花子|先生|

T出版の小川一郎でございます。いつも|お世話|になっております。

依頼の文章　41

> さて，このたび弊社では20周年企画の一環として，敬語表現に関するシンポジウムを開催することになりました。
> つきましては，先生にぜひパネリストの お一人 として 御参加いただき たいということで，メールを さしあげた 次第です。
> シンポジウムは，来年3月中の実施を予定しておりますが，日程につきましては， 先生方 の 御都合 を 伺っ た上で，調整いたします。
> お忙しい ところ恐縮ではございますが，何卒， お引き受けください ますよう，よろしく お願い申し上げ ます。
> なお，企画案を添付いたしましたので， 御参照ください 。

　高くする敬語の多くが，相手の山田花子先生と関係のある物事に集中していることがわかります。表現主体である小川一郎が，相手である山田花子先生を高くする敬語を用いて，文章（Eメール）上で高めていることが確認できます。

■高くしない敬語

　次に，高くしない敬語を見てみましょう。間接尊重語・恩恵間接尊重語，丁重語，そして，自分（側）を低くする敬語としての自己卑下語も含みます。間接尊重語・恩恵間接尊重語は□で，丁重語は□で，自己卑下語は□で表示しています。

> 山田花子先生
>
> T出版の小川一郎でございます。いつもお世話に なっており ます。
> さて，このたび 弊社 では20周年企画の一環として，敬語表現に関するシンポジウムを開催することになりました。
> つきましては，先生にぜひパネリストのお一人として 御参加いただき たいということで，メールを さしあげた 次第です。
> シンポジウムは，来年3月中の実施を 予定しており ますが，日程につきましては，先生方の御都合を 伺っ た上で， 調整いたし ます。

お忙しいところ恐縮ではございますが，何卒，お引き受けくださいますよう，よろしく お願い申し上げ ます。
なお，企画案を 添付いたし ましたので，御参照ください。

（動作の主体を）高くしない敬語は，表現主体（依頼する側）である小川一郎の動作や状態に集中して用いられており，相手である山田花子先生の動作や状態には用いられていません。これは，表現主体である小川一郎は，自分を高くしない敬語を用いることにより，文章表現における相手である山田花子先生に対して，敬語表現としての配慮をしているのです。

■改まりの敬語

丁重語，丁重文体語を用いることによって，改まって伝えています。丁重語は □ で，丁重文体語は □ で提示します。下線部は，敬語的な言葉（⇒ P.38）です。

山田花子先生

Ｔ出版の小川一郎 でございます 。いつもお世話に なっており ます。
さて，このたび弊社では20周年企画の一環として，敬語表現に関するシンポジウムを開催することになりました。
つきましては，先生にぜひパネリストのお一人として御参加いただきたいということで，メールをさしあげた次第です。
シンポジウムは，来年３月中の実施を 予定しており ますが，日程につきましては，先生方の御都合を伺った上で， 調整いたし ます。
お忙しいところ恐縮 ではございます が，何卒，お引き受けくださいますよう，よろしくお願い申し上げます。
なお，企画案を 添付いたし ましたので，御参照ください。

このたび，次第，何卒，などの下線の言葉は，敬語的な言葉として，改まった性質を持っています。これらが，丁重語と丁重文体語とともに文章全体の改まりを強めていることが確認できます。

■きれいにする敬語

この文章では，美化語はありませんが，「お世話になる」という言葉は，「世話になる」を言葉の上できれいにしていると考えることもできます。

■丁寧にする敬語

文末に用いられる「です」「ます」の丁寧文体語と「でございます」の丁重文体語だけではなく，文中にも「ます」を用いることで，より丁寧な文章となっていることがわかります。☐で表示します。

山田花子先生

T出版の小川一郎 でございます 。いつもお世話になってお り ます 。
さて，このたび弊社では20周年企画の一環として，敬語表現に関するシンポジウムを開催することになり まし た。
つき まし ては，先生にぜひパネリストのお一人として御参加いただきたいということで，メールをさしあげた次第 です 。
シンポジウムは，来年3月中の実施を予定しており ます が，日程につき まし ては，先生方の御都合を伺った上で，調整いたし ます 。
お忙しいところ恐縮 ではございます が，何卒，お引き受けください ます よう，よろしくお願い申し上げ ます 。
なお，企画案を添付いたし まし たので，御参照ください。

このように，高くする敬語，高くしない敬語，改まりの敬語，丁寧にする敬語だけでなく，「次第」「何卒」などの敬語的な言葉を組み合わせることによって，Eメールの文章全体が丁寧で改まりの高いものになっていることがわかります。1つ1つの敬語に着目するだけではなく，こうした敬語の組み合わせと，文章全体で敬語の使い方を考えながら表現していくことが重要になるわけです。

依頼の談話

　ここでは，依頼を意図とする談話の場合は，敬語表現がどのような様相を見せるのかについて確認していきましょう。
　コミュニケーション主体は，大学院生の田中達也と大学教員の山田花子で，人間関係は学生―教師（山田から田中の相手レベルの基本は相手レベル・0，田中から山田は相手レベル・+1），場は山田の研究室です。表現意図はシンポジウムのパネリストを依頼したいということ，内容は，シンポジウムを開催する趣旨，依頼の事情説明，依頼，承諾などとなります。
　Eメールの文章例は，表現主体から相手に対する一方通行のコミュニケーションでした。この談話の例では，主体同士の双方向のやりとりにおける敬語の使い方・使われ方を観察することができます。

田中：山田先生，田中ですが…今，お時間，よろしいでしょうか。
山田：あ，田中さん。どうぞ，お入りください。
田中：失礼いたします。お忙しいところに申し訳ございません。
山田：いいえ，ちょうど午前中のお仕事が終わったばかりですよ。
　　　ご用件はなんでしょうか。
田中：実は，このたび敬語表現学会では，敬語研究の分野でご活躍の方々をお招きし，敬語表現に関するシンポジウムを開催することになりまして…
山田：はい。
田中：山田先生にはぜひ今回のシンポジウムにパネリストとしてご参加いただきたいと思いますが，ご都合はいかがでしょうか。
山田：シンポジウムはいつですか？
田中：来年3月を予定しておりますが，日程は先生方のご都合を伺った上で，調整いたします。
山田：そうですか…（手帳を確認する）わかりました。参加しましょ

う。
田中：ご快諾いただき，ありがとうございます。企画案を持ってきましたので，ご確認ください。何かご質問やご意見などがありましたら，わたくし，田中までお願いいたします。
山田：わかりました。会は3月ですね。よろしくお願いします。

　最初に，敬語が用いられている個所をすべて□で示しておきます。田中の発話と山田の発話ともに多くの敬語が用いられていることがわかります。

田中：山田先生，田中ですが…今，お時間，よろしいでしょうか。
山田：あ，田中さん。どうぞ，お入りください。
田中：失礼いたします。お忙しいところに申し訳ございません。
山田：いいえ，ちょうど午前中のお仕事が終わったばかりですよ。ご用件はなんでしょうか。
田中：実は，このたび敬語表現学会では，敬語研究の分野でご活躍の方々をお招きし，敬語表現に関するシンポジウムを開催することになりまして…
山田：はい。
田中：山田先生にはぜひ今回のシンポジウムにパネリストとしてご参加いただきたいと思いますが，ご都合はいかがでしょうか。
山田：シンポジウムはいつですか？
田中：来年3月を予定しておりますが，日程は先生方のご都合を伺った上で，調整いたします。
山田：そうですか…（手帳を確認する）わかりました。参加しましょう。
田中：ご快諾いただき，ありがとうございます。企画案を持ってきましたので，ご確認ください。何かご質問やご意見などがありましたら，わたくし，田中までお願いいたします。
山田：わかりました。会は3月ですね。よろしくお願いします。

■高くする敬語

文章の例と同様に ☐ と ▨ で直接尊重語・恩恵直接尊重語・相手尊重語と間接尊重語・恩恵間接尊重語を表示します。

田中：｜山田先生｜，田中ですが…今，▨お時間▨，よろしいでしょうか。
山田：あ，｜田中さん｜。どうぞ，▨お入りください▨。
田中：失礼いたします。▨お忙しい▨ところに申し訳ございません。
山田：いいえ，ちょうど午前中のお仕事が終わったばかりですよ。▨ご用件▨はなんでしょうか。
田中：実は，このたび敬語表現学会では，敬語研究の分野で▨ご活躍▨の｜方々｜を▨お招きし▨，敬語表現に関するシンポジウムを開催することになりまして…。
山田：はい。
田中：｜山田先生｜にはぜひ今回のシンポジウムにパネリストとして▨ご参加いただきたい▨と思いますが，▨ご都合▨はいかがでしょうか。
山田：シンポジウムはいつですか？
田中：来年3月を予定しておりますが，日程は｜先生方｜の▨ご都合▨を▨伺っ▨た上で，調整いたします。
山田：そうですか…（手帳を確認する）わかりました。参加しましょう。
田中：▨ご快諾いただき▨，ありがとうございます。企画案を持ってきましたので，▨ご確認ください▨。何か▨ご質問▨や▨ご意見▨などがありましたら，わたくし，田中までお願いいたします。
山田：わかりました。会は3月ですね。よろしく▨お願いし▨ます。

文章の例とは違い，お互いに（相手を）高くする敬語を使っていることがわかります。現代社会における主体同士の尊重という意識が反映された結果でしょう。しかし，やはり大学院生の田中のほうが高くする敬語の使用が多いのは，山田と田中の人間関係および依頼という意図や内容が，田中の表現に反映された結果である言えます。

依頼の談話

■高くしない敬語

　間接尊重語・恩恵間接尊重語と丁重語が高くしない敬語にあたります。間接尊重語類（恩恵間接尊重語を含む）は☐で，丁重語は■で表示します。

田中：山田先生，田中ですが…今，お時間，よろしいでしょうか。
山田：あ，田中さん。どうぞ，お入りください。
田中：失礼いたします。お忙しいところに申し訳ございません。
山田：いいえ，ちょうど午前中のお仕事が終わったばかりですよ。ご用件はなんでしょうか。
田中：実は，このたび敬語表現学会では，敬語研究の分野でご活躍の方々をお招きし，敬語表現に関するシンポジウムを開催することになりまして…。
山田：はい。
田中：山田先生にはぜひ今回のシンポジウムにパネリストとしてご参加いただきたいと思いますが，ご都合はいかがでしょうか。
山田：シンポジウムはいつですか？
田中：来年3月を予定しておりますが，日程は先生方のご都合を伺った上で，調整いたします。
山田：そうですか…（手帳を確認する）わかりました。参加しましょう。
田中：ご快諾いただき，ありがとうございます。企画案を持ってきましたので，ご確認ください。何かご質問やご意見などがありましたら，わたくし，田中までお願いいたします。
山田：わかりました。会は3月ですね。よろしくお願いします。

　ほとんどの間接尊重語・恩恵間接尊重語と丁重語が依頼をする側である田中が主体となる表現に集中していることがわかります。特に丁重語は田中が主体となる，田中が発した表現にしかありません。これも，依頼するという意図や内容，そして山田の研究室での依頼という場との関係がある

でしょう。

■ 改まりの敬語

　□で示した丁重語（および尊重丁重語）と，下線部の敬語的な言葉（⇒P.38）が確認できます。ただし，文章の場合と違って，「でございます」などの丁重文体語はこの文話例にはありません。

田中：山田先生，田中ですが…今，お時間，よろしいでしょうか。
山田：あ，田中さん。どうぞ，お入りください。
田中：失礼いたします。お忙しいところに申し訳ございません。
山田：いいえ，ちょうど午前中のお仕事が終わったばかりですよ。ご用件はなんでしょうか。
田中：実は，このたび敬語表現学会では，敬語研究の分野でご活躍の方々をお招きし，敬語表現に関するシンポジウムを開催することになりまして…。
山田：はい。
田中：山田先生にはぜひ今回のシンポジウムにパネリストとしてご参加いただきたいと思いますが，ご都合はいかがでしょうか。
山田：シンポジウムはいつですか？
田中：来年3月を予定しておりますが，日程は先生方のご都合を伺った上で，調整いたします。
山田：そうですか…（手帳を確認する）わかりました。参加しましょう。
田中：ご快諾いただき，ありがとうございます。企画案を持ってきましたので，ご確認ください。何かご質問やご意見などがありましたら，わたくし，田中までお願いいたします。
山田：3月ですね。よろしくお願いします。

　よろしい─いい，申し訳ございません─申し訳ありません・すみません，いかが─どう，わたくし─わたし・ぼく，のペアは，改まった性質の言葉

依頼の談話　49

―普通の言葉のペアです。どちらに置き換えても言葉としての意味は変わりませんが，改まった性質の言葉を用いることによって談話全体における改まりを強めていることがわかります。さらに，高くしない敬語と同様，改まりの敬語と改まりの性質の言葉も，依頼という意図や内容，依頼する場面に対する認識を反映していると言えるでしょう。

■きれいにする敬語，丁寧にする敬語

丁寧にする敬語である「です・ます」などは□で，きれいにする敬語である美化語は□で表します。

田中：山田先生，田中 です が…今，お時間，よろしい でしょ うか。
山田：あ，田中さん。どうぞ，お入りください。
田中：失礼いたし ます 。お忙しいところに申し訳ございません。
山田：いいえ，ちょうど午前中の お仕事 が終わったばかり です よ。ご用件はなん でしょ うか。
田中：実は，このたび敬語表現学会では，敬語研究の分野でご活躍の方々をお招きし，敬語表現に関するシンポジウムを開催することになり まし て…。
山田：はい。
田中：山田先生にはぜひ今回のシンポジウムにパネリストとしてご参加いただきたいと思い ます が，ご都合はいかが でしょ うか。
山田：シンポジウムはいつ です か？
田中：来年3月を予定しており ます が，日程は先生方のご都合を伺った上で，調整いたし ます 。
山田：そう です か…（手帳を確認する）わかり まし た。参加し ましょ う。
田中：ご快諾いただき，ありがとうございます ます 。企画案を持ってき まし たので，ご確認ください。何かご質問やご意見などがあり まし たら，わたくし，田中までお願いいたし ます 。
山田：わかり まし た。会は3月 です ね。よろしくお願いし ます 。

談話全体を丁寧にするという敬語的性質を持つ丁寧文体語の「です・ます」は，山田と田中の両主体の表現に使われています。(談話における)相手に対する丁寧さを表すために，談話全体の丁寧さを確保できる「です・ます」の敬語が使われているわけです。
　また，山田の言葉にある「お仕事」は，言葉をきれいにする「お」を用いた美化語の例です。「仕事」でも意味は同じですが，「お仕事」にすることによって言葉遣いをきれいにしているわけです。

　以上，談話例を検討してきました。文章とは異なり，主体同士のやりとりになるため，それぞれの主体が認識する人間関係や場，意識や内容に応じて，用いられる敬語や敬語の使い方にも違いが出てきます。
　実際の談話は，さらに複雑に展開します。1つ1つの敬語だけではなく，談話全体としての敬語の使い方・使われ方が大切になってくると言えるでしょう。

Ⅳ. 敬語表現に関するQ&A

1 〈直接尊重語と恩恵直接尊重語の違い〉
「ご説明になる」と「ご説明くださる」の表現上の違いは何でしょうか。

解説 「ご説明になる」も「ご説明くださる」も「説明する」という動作の主体を直接高くします。両方とも従来の3分類では尊敬語に属します。例えば、「先生がご説明になりました。」と「先生がご説明くださいました。」とを比較すると、どちらも「説明する」という動作の主体である先生を高くしています。

しかし、「ご説明になる」は、「説明する」という動作の主体（ここでは先生）を高くするだけであって、「説明する」という動作については、客観的に事実を中心に表しています。一方、「ご説明くださる」は、「くださる系」（⇒P.22）の敬語形式を用いた敬語で、「説明する」という動作の主体を高めるだけでなく、その「説明する」という動作の主体が自分あるいは、自分側の人物に恩恵を与えてくれるという捉え方をしています。

「ご説明になる」も「ご説明くださる」も、「説明してくれる」相手を高くする、という点では共通していますが、「ご説明になる」は客観的な事実を中心に表す直接尊重語であり、「ご説明くださる」は、動作の主体からの「恩恵」も表す恩恵直接尊重語である、という違いがあるのです。

「先生が（ご）説明なさいました。」や「先生が説明されました。」と、「先生が説明してくださいました。」についても、同様のことが言えます。

直接尊重語は、客観的ですが、その分「他人ごと」のように表すことになり、恩恵直接尊重語は、「我がこと」として感謝を表すように伝えられるという違いもあります。もちろん、どちらが良いということではなく、事実としてどうであったのか、それを自分がどういう意識（きもち）で捉えているのか、それを他者にどう伝えようとしているのか、という点から、適切な敬語形式を表現主体が選択することが大切です。

2 〈間接尊重語と丁重語の違い〉
「訪ねる」という意味を表す「伺う」と「まいる」の違いは何でしょうか。

解説

(1) （わたしが）これから田中先生のお宅に伺います。
(2) （わたしが）これから田中先生のお宅にまいります。

「伺う」は，「動作の主体を高くしないで，動作に関係する人物を高くする」という敬語的性質を持つ間接尊重語ですから，(1)の「伺う」は，「訪ねる」という動作の主体であるわたしは高くしないで，「訪ねる」という動作に関係する――つまり，動作の向かう先にある人物である田中先生を高くするということになります。一方，(2)の「まいる」は，丁重語であり，「伺う」と同じく，「「訪ねる」という動作の主体であるわたしを高くしない」という敬語的性質がありますが，動作に関係する人物（田中先生）を高くする性質はありません。そのかわりに「改まり」という敬語的性質が加わります。

(3) （わたしが）これから弟の家に伺います（×）。
(4) （わたしが）これから弟の家にまいります（○）。

(3)の「伺う」も(4)の「まいる」も「訪ねる」という意味で使われていますが，「伺う」には，「わたしの（が）「訪ねる」という動作に関係する人物を高くする」という性質があるため，人間関係上，高くしない人物である自分の弟（の家）には使うことができません。一方，「まいる」には動作に関係する人物を高くするという敬語的性質がないため，(4)は適切な表現として成立するのです。「まいる」を用いた(4)は，動作に関係する人物にはかかわらず，その表現の相手や場を意識し，改まりの気持ちを持って表現しているのです。

このように，「伺う」――間接尊重語と「まいる」――丁重語は，異なる性質を持つ敬語なのです。

3 〈間接尊重語と丁重語と尊重丁重語の違い〉
「ご説明します」と「説明いたします」と「ご説明いたします」との違いは何でしょうか。

解説　「ご説明します」は間接尊重語,「説明いたします」は丁重語,「ご説明いたします」は尊重丁重語です。その違いについて,敬語的性質の点から確認してみましょう。例として,「わたしがAさんにご説明し／説明いたし／ご説明いたします。」をあげます。

　「ご説明します」―間接尊重語は,「「説明する」という動作の主体であるわたしを高くしない」で,「「説明する」という動作に関係する人物であるAさんを高くする」という敬語的性質を持っています。

　「説明いたします」―丁重語は「動作の主体を高くしない」という点では「ご説明します」と同じですが,「Aさんを高くする」という敬語的性質はなく,「説明いたします」という敬語が用いられる相手や場に対する「改まり」という敬語的性質を持っています。

　一方,「ご説明いたします」は尊重丁重語で,間接尊重語と丁重語の両方の敬語的性質を持っています。つまり,「動作の主体であるわたしを高くしない」+「動作に関係する人物であるAさんを高くする」+「相手や場に対する改まり」という3つの敬語的性質を併せ持つということです。

　敬語的性質を中心に三者の違いを確認しましたが,これは,尊重丁重語の「ご説明いたす」が一番丁寧であるということではありません。それぞれの敬語の敬語的性質を理解し,人間関係および場に対する適切な配慮に基づいて,選択すればいいのです。

　Aさんに対する配慮に焦点を当てる必要があれば,「ご説明します」を,敬語が用いられる場や人間関係に対する配慮を重視する必要がある場合は「説明いたします」を,Aさんと場・人間関係との両方に対する配慮を表す必要がある場合は「ご説明いたします」を選択する,ということです。

4 〈くださる系といただく系の丁寧さ〉
「ご説明くださる」と「ご説明いただく」ではどちらのほうが丁寧なのでしょうか。

解説 「ご説明くださる」は恩恵直接尊重語で，相手や話題の人物が「説明してくれる」という意味であり，「ご説明いただく」は恩恵間接尊重語で，自分（側）が相手（側）や話題の人物に「説明してもらう」という意味です。このような基本的な違いはありますが，どちらも高くする対象が説明する人物であることは共通しています。

どちらが丁寧か，という点ですが，「説明する」のは相手（側）や話題の人物になるので，その人物を直接高める「ご説明くださる」の恩恵直接尊重語のほうが丁寧だと感じる人もいるようです。しかし，「ご説明いただく」も相手（側）や話題の人物が説明したことをわたしの利益になることと感じ，ありがたく思うという認識を表す敬語なので，その意味では，丁寧さに大きな違いがあるとは言えません。

「ご説明くださる」も「ご説明いただく」も敬語的には丁寧さの優劣をつけることは非常に難しく，個人の感じ方や表現の焦点をどこに当てるかによって捉え方が違ってきます。焦点を相手（側）の「説明する」という行為に当てるなら「ご説明くださる」を，自分（側）の恩恵に当てるなら「ご説明いただく」を選ぶ，ということになります。

ただし，例えば，「先生，ご説明くださいますか。」と「先生，ご説明いただけますか。」というような例で考えると，「くださる系」があくまでも相手の動作として捉えたものであるのに対し，「いただく系」は，自分が相手にお願いして説明してもらうという認識が示せるという点で，〈相手を動かすのではなく，自分の動作として示すほうが丁寧である〉という，丁寧さの原理（⇒ P.97）に即した敬語であると考えることもできます。依頼表現として「くださる系」を用いるか，「いただく系」を用いるかという点では，「いただく系」のほうがより丁寧に感じられることがあるということと関連していると言えるでしょう。

5 〈「あなた」の問題〉

「あなた」は使い方を間違えると失礼になったり，適切ではなくなくなったりすることがあると聞きました。「あなた」という言葉はどのような場合に使うのでしょうか。

解説 「あなた」は，元来は敬意の高い敬語でしたが，現代日本語においては，同等あるいは下位にある人物に対して使うことが一般的になっており，上位者に対しては使いにくくなっています。その意味では，学生が教師に，部下が上司に対して「あなた」を用いると，特別な意味を表す使い方になってしまうでしょう。

また，相手の名前を明示しないという点で，中立的な表現になる一方，多少冷たい印象を与えることもあります。

このような「あなた」の性質から考えると，名前を知っている人物には使わないほうがいいでしょう。さらに，名前を知らない人物であっても，「お考えをお聞かせください。」や「資料をお持ちの方は？」などのように，その人物の動作などに直接尊重語である「お考え」や「お持ち」を用いたり，人物を表す他の敬語である「方」などを使ったりすることによって「あなた」の使用を回避することができます。

「あなた」は中立的な語感があることから，事務的な応対，会議や授業，面接試験，あるいはインタビューやアンケート調査などの場面で使われることがあります。これも，主体同士が「あなた」の性質をお互いに理解しているから用いられる，ということが前提になります。

他には夫婦の間における呼称として「あなた」が用いられる場合がありますが，これは上で述べた「あなた」の性質とは異なり，親しみを表す言葉として用いられています。

6 〈直接尊重語の誤用——お・ご〜してください〉

取引先との会議で「ご説明してください」と言ったところ，その言い方には問題があると上司から注意を受けました。どこが問題なのでしょうか。

解説　「説明してください」という表現は，相手に「説明する」ということを頼んだり，指示したりする場合の表現なので，「説明する」という動作の主体は相手（側）で，「説明する」という動作に関係する人物は自分（側）になります。当然，高める対象は説明する相手（側）にするべきなのですが，「ご説明してください」と言ったのでは，その高める（高めない）対象や方向性に問題がある表現になってしまいます。

間接尊重語の形式である「オ・ゴ〜スル」は，「動作の主体を高くしないで，その動作に関係する人物を高くする」という敬語的性質があります。したがって，「ご説明してください」の「ご説明する」は，説明するという動作の主体である相手を高くしないで，動作に関係する人物——つまり説明を聞く自分を結果として高くすることになってしまうのです。

高くする方向を適切にするためには「動作の主体を高くする」という敬語的性質を持った直接尊重語を用いる必要があります。「オ・ゴ〜ニナル」や「レル・ラレル」などがそれです。ただし，「ご説明になってください」と自分に向けて表現することには問題があります。「ご説明になる」という敬語は，客観的な直接尊重語であるだけに，自分が頼んでいる場合には他人事のように捉えることになり適切にはなりません。また，「説明されてください」も共通日本語としては問題のある表現です。

適切な敬語としては，恩恵直接尊重語の「お・ご〜くださる」を用いて「ご説明ください」にするとよいでしょう。あるいは，恩恵間接尊重語の「お・ご〜いただける」を用いた依頼表現にして，「ご説明いただけますか」とすることなどが考えられます。

7 〈直接尊重語と丁重語の違い──ご質問はございますか〉
司会をしていたとき,「何かご質問はございますか。」と言ったところ,後で言葉遣いに詳しい方から注意を受けました。何か問題があったのでしょうか。

解説　司会者の表現として,「質問があるかどうか」を聴衆・参加者に尋ねる,あるいは,質問や意見の発言を促す場面における表現です。実際にはよく耳にするものではありますが,敬語の性質から見ると,やや問題がある表現だと言えるでしょう。

　場に対する配慮として,また相手である聴衆・参加者を高くする敬語として「質問」に「ご」をつけた「ご質問」は,敬語として問題はありません。しかし,「あるか」と尋ねる部分の「ございますか」の「ございます(ござる)」には,相手を高くする敬語的性質はありません。

　「ある」の意味の「ござる」は,丁重語として「相手を高くしない＋改まり」といった敬語的性質を持っています。したがって,司会者としては「改まり」に配慮したことになりますが,相手である聴衆・参加者は高くしていないことになります。その意味では,「ある」の丁重語である「ござる」ではなく,直接尊重語の「おありになる」「おありだ」を用いて敬語化する必要があります。「何かご質問はおありになりますか。」「何かご質問はおありですか。」となります。

　さらに丁寧にすれば,「何かご質問はおありになりますでしょうか。」が考えられますが,これは一般的にあまり馴染みがない表現で,長くて重い印象を与えかねません。「何かご質問はおありでしょうか。」のほうがすっきりした敬語表現だと考えられます。ただし,このような敬語化の形式の選択の問題には,個人差だけでなく,実際のコミュニケーションが行われる場面の問題なども絡んできます。一律に「おありになる」は重い敬語で,「おありだ」はすっきりした敬語である,というようには言えません。

　適切な判断のためには,「場面」と「意識(きもち)」「内容(なかみ)」「形式(かたち)」を連動させ,総合的に考える必要があります。

8 〈丁重語＋直接尊重語——おられる〉
取引先の会社への電話で「ABC ネットワークの佐藤ですが，田中部長はおられますか」と言ったところ，あとで電話のやりとりを聞いていた上司から注意を受けました。どこが問題なのでしょうか。

解説 「おられる」の「レル（・ラレル）」は，同じく直接尊重語を作る「オ・ゴ〜ニナル」に比べ，使用における制約や制限などが少なく，多くの動詞に使うことができます。相手である田中部長を高くするために，相手の状態を表す言葉である「いる」を直接尊重語にしたという敬語使用に関する意識（きもち）自体は適切なものです。しかし，「おる」を選択した点にやや問題があります。

「おる」は，「いるという動作・状態の主体を高くしない」＋「改まり」という敬語的性質を持っている丁重語です。したがって，「おる」には「いる」という動作の主体である取引先の田中部長を高くする敬語的性質はありません。「おる」は，相手や場に対する「改まり」を表すことができるので，電話の相手である取引先の人物に対する「改まり」の気持ちは表すことができますが，結果的には田中部長に対する敬意はない，ということになってしまうのです。

適切な表現としては，「いる」という動作の主体を高くする敬語的性質を持つ直接尊重語「いらっしゃる」を用いて，「ABC ネットワークの佐藤ですが，田中部長はいらっしゃいますか。」とすることが考えられます。

なお，「おられる」は間違いだ，とする考え方もあります。「おる」を間接尊重語と捉え，同じ人物の状態を表すのに間接尊重語と直接尊重語とを混在させている点で誤りだ，と考えるものです。一方，問題ないとする考え方もあります。それは，「おる」という動詞が，他の丁重語とは異なり，普通の動詞に極めて近く，文章では「書いており，」という用法もあることなどから，「おられる」は多少の「改まり」を持った直接尊重語として認められるという考えです。どれが正しい，ということではなく，それぞれの理由について理解しておくことが大切でしょう。

> **9** 〈間接尊重語——お・ご~させていただく〉
> 自己紹介の際,「大学では経済学を専攻させていただきました」と言った人がいました。その席にいた言葉遣いに詳しい方が,その言い方には問題がある,と言ったのですが,どこが問題なのでしょうか。

解説 この問題を考えるために,前提となる「サセテイタダク」について検討しておきます。

現在では,「(オ・ゴ)~(サ)セテイタダク」という敬語形式が多用されています。この「(オ・ゴ)~(サ)セテイタダク」はかなり敬度の高い敬語で,実際の文話で使われるためには,次の3つの条件が必要となります。

①自分がすることを,
②相手の許可をもらって行い,
③それがありがたいという事実や気持ちがある。

この①から③の条件をどの程度満たしているかによって,「(お・ご)~(さ)せていただく」の許容度は変わってきますが,「敬語の指針」では,次の(1)から(5)までの適切だと感じられる程度が異なる例を挙げています。

(1) **相手が所有している本をコピーするため,許可を求めるときの表現**

「コピーをとらせていただけますか。」

(1)は,①から③の条件を満たしているので,もっとも「(お・ご)~(さ)せていただく」にふさわしい表現であると言えます。

(2) **研究発表会などにおける冒頭の表現**

「それでは,発表させていただきます。」

(2)は,①の条件は満たしていますが,②の点が多少曖昧です。発表することが決まっている場合,発表することを宣言しているに過ぎない場合に

は,「発表いたします」のほうがすっきりした表現と言えます。さらに,発表会,研究発表といった改まった雰囲気を考えると,丁重語の「いたす」を用いた表現のほうがより適切になる場合があります。

(3) 店の休業を張り紙などで告知するときの表現

「本日,休業させていただきます。」

(3)も(2)と同様,②の条件を満たしていない場合には,不適切と感じる人が多くなるでしょう。客に対する謙(へりくだ)った気持ち,改まった気持ちを表すなら丁重語の「いたす」を用いた「本日,休業いたします。」のほうがより自然に感じられると言えます。

(3)と(2)は②の条件を満たしていないという点は共通していますが,(3)は,(2)よりさらに「宣言表現」としての性質が強く表れます。つまり,(3)は,すでにこちらの都合として決まっている事柄に関する「～(さ)せていただく」なので,不適切に感じられるのです。次も同様の例です。

「本日,田中はお休みさせていただいております。」
→「本日,田中は休んでおります。」

ただし,「休業させていただきます／休ませていただきます」は,実際に多くの場面で使用されており,違和感を覚えない,という意見があるのも事実です。(文化庁平成八年調査,「(店の張り紙で)明日は休業させていただきます」が気になる7.1%,気にならない91.6%)

(4) 結婚式における祝辞の表現

「私は,新郎と三年間同じクラスで勉強させていただいた者です。」

(4)は,事実を述べている表現ですが,②と③の条件を両方満たしていない場合は,不適切であると判断されます。問題は事実の捉え方にあり,新郎の許可をもらったわけでなく,そのことが一般的にありがたいことでもない場合には適切ではないことになります。「勉強した／勉強いたしまし

61

た」が適切な表現として考えられます。

　結婚式の主人公である新郎を最大に立てる，（個人的に）新郎との時間や思い出に感謝の気持ちを持っている，などの場合には，許容される範囲であるという意見もありますが，スマートな敬語，簡潔な敬語という観点から考えた場合，推奨できる敬語ではありません。

(5)　自己紹介の表現

　　「私はW高校を卒業させていただきました。」

　(4)と同様に，②と③の条件を両方満たしていない場合は，不適切であると判断されるという部分です。

　(4)よりは多少謙った印象がありますが，その理由は，卒業に際して高校側から何らかの取り計らいがあり，それに感謝しているという認識を示しているような表現になっているからです。(5)は，「いたす」を用いて「卒業いたしました」にすれば，よりすっきりした表現になるでしょう。

　問いの例に戻りますが，謙って表現するという意図であれば，(5)と同様，「専攻いたしました」のように丁重語（の「いたす」）を用いることで問題は解決されます。

　「専攻させていただきました」は，丁寧な表現ではありますが，何かの特別な取り計らいがあって，何とか経済学を専攻することができた，という意味が出てしまうのです。

　必ずしも①〜③の条件が満たされていない場合でも人間関係の認識や配慮のしかたなどにより，「（オ・ゴ）〜（サ）セテイタダク」の敬語の形式が使われる場合があるということがわかります。ただし，実際にあまり使わないほうがいい，という意見があるのも事実で，①〜③の条件を満たしていない場合，内容や気持ちが形式と合わない場合には，過剰な敬語の使い方になるでしょう。

10 〈過剰な敬語〉

ゼミの指導教授とセミナールームで話をしていました。先生に「先生,友達からもらったお菓子です。どうぞお召し上がりになられてください。」と勧めたところ,あとで同席していた敬語に詳しい先輩に言葉遣いを注意されました。何が問題だったのでしょうか。

解説 いわゆる過剰敬語の問題です。「動作（食べるという動作）の主体を高くする」という敬語的性質を持つ「召し上がる」だけでなく,「オ〜ニナル」と「〜レル」が同時に使われているため,食べるという動作に対して「動作の主体を高くする」という敬語的性質が三重になっているわけです。これは,いわゆる過剰敬語で,敬語の使いすぎという印象を与えてしまいます。適切な敬語,すっきりした敬語としては「どうぞ召し上がってください」が考えられます。あるいは,「勧める」という表現意図にポイントを当てた「（お菓子を）どうぞ。」,「（お菓子ですが,）いかがでしょうか。」のような表現も考えられます。また,二重ではありますが,「お召し上がりください」はよく使われています。

敬語の過剰使用・多重使用は,マニュアル敬語やビジネス敬語などで実際に使われることもあります。その理由としては,ある敬語が,長期間にわたり,また多くの人に使われるようになり,その敬度が低く（感じられるように）なったこと,さらに強い敬意を表すために敬語を重ねて使うようになったこと,などの点が挙げられます。表現主体に「もっと丁寧に表現したい」「相手や話題の人物をさらに高めたい」「さらに謙った表現をしたい」という意図があるため,どうしても敬語を重ねて用いてしまうのでしょう。

過剰敬語・多重敬語が常に問題だというわけではなく,実際には,「お見えになる」（二重の直接尊重語）,「お伺いする」（二重の間接尊重語）などはよく使われており,それが間違いだ,などと指摘する必要はありません。しかし,できるだけ簡潔な敬語を適切に使用するという観点からは,過剰な敬語は控えたほうがよいでしょう。

> **11** 〈相手の希望や願望を尋ねる〉
> 同じゼミの仲間たちとセミナールームでお茶を飲みながら話をしていたとき，指導教授が入ってきました。先生に「先生もお茶を召し上がりたいですか」と尋ねたら，先生は困ったような顔をしました。何が問題だったでしょうか。

解説 これは敬語の形式ではなく，表現のしかたに関する問題です。

具体的には，相手の希望や願望など，内面の問題にどのように関わっていくかという点が課題になります。

「召し上がりたいですか」は，敬語の形や「召し上がる」の敬語的性質の点では問題ありません。しかし，「先生もお茶を召し上がりたいですか。」に違和感を覚える人は多いと思います。それはなぜでしょうか。

その理由は，「～（し）たいですか」という尋ね方にあります。「～（し）たいですか」という表現を使うと，相手（コミュニケーション主体）の心の内部，私的な部分である意思，願望について直接的に尋ねることになるので，失礼に感じられるのです。その人物（上位者だけでなく，下位者でも）のプライベートな事柄だけでなく，能力，意思，希望や願望などに直接触れることは，その人物の心の内部，私的な部分に踏み込むことにつながります。人間関係（特に親疎の関係）や場の状況にもよりますが，一般的に他者の私的な部分に触れるには，何らかの配慮が必要になります。特にそれが個人的な問題，願望に関することならなおさらです。

それでは，このような場合，どのように表現すればよいでしょうか。

「～（し）たいですか」ではなく，「～はどうか」と勧めることが考えられます。勧めならイエスでもノーでも選ぶことができるので，相手に対する配慮を表すことができます。したがって，「先生，お茶はいかがですか。」「先生もご一緒にいかがでしょうか。」などが適切な例として考えられます。「先生もお茶をどうぞ。」などという勧めもあるでしょう。勧めたいという気持ちをどういう形で示すか，それを考えながら表現することが大切だということです。

12 〈マニュアル敬語――直接尊重語の誤用〉
ファミリーレストランの店員が「ご注文の品はおそろいになりましたか。」と客に言ったところ,その客から言葉遣いに気をつけるように,と注意されていました。どこが問題だったのでしょうか。

解説 これは実際によく聞く表現ですが,敬語の使い方としては問題があります。「おそろいになる」を使うことで,客を高めるのではなく,結果として注文した品を高めてしまうからです。

「おそろいになる」は,「そろう」という動詞に直接尊重語を作る形式である「オ(ゴ)～ニナル」を用いた敬語表現です。客を高めるために,直接尊重語を用いたのはよかったのですが,使用された直接尊重語の「おそろいになる」は,高めるべき客ではなく,「そろう」の主語に当たる「ご注文の品」を高めてしまうことになるので,高める方向に問題が生じているのです。

適切な表現としては,「ご注文の品はそろいましたでしょうか。」,あるいは「ご注文の品は,以上でよろしいでしょうか。」などが考えられます。

いわゆるマニュアル敬語は,否定的に捉えられることが多いのですが,表現主体が,相互尊重の精神に基づき,場面(人間関係と場)・意識(きもち)・内容(なかみ)・形式(かたち)を連動させた自己表現としているなら問題ないでしょう。

しかし,実際に多く指摘されることは,マニュアル敬語における「何も考えずに使える」という点です。それは,場面に応じて使い分けるという敬語コミュニケーション本来の性質から外れているのです。マニュアル敬語の言葉上のサービスという面や,普段の自分の言語行動を振り返るよりどころになる点などを考えると,マニュアル敬語がすべて悪い,というわけではありません。何も考えずに表現する/使うのではなく,その使い方や自己表現という側面を考えながら使う必要があるのです。

13 〈マニュアル敬語——ハンバーガーセットになります〉
洋食レストランの店員が「ハンバーガーセットになります」と客に言いながら，料理をテーブルに置いたところ，その客から言葉遣いに気をつけるようにと注意を受けていました。どこか問題があったのでしょうか。

解説　「～になります」は，マニュアル敬語のひとつで，ある品物を提供するときに使われる表現です。この「～になります」の問題点を指摘するためには，「～になる」という表現の意味を考える必要があります。

「ハンバーガーセットになります」という表現は，もちろん「ハンバーガーセットに変化します」という意味ではありません。一つの解釈として，「お客様の予想とは多少異なるかもしれませんが，これが本店のやり方で作ったハンバーガーセットです」という客への配慮の意識が表れていると考えられます。「これが本店のハンバーガーセットです」と断定するのではなく，「～になる」を用いて客への配慮を表していると言えます。

しかし，客の立場からすると，新しい状況が生じる／変化する，という意味を持つ「なる」が使われていることが不自然に感じられることもあります。自分の注文した品物に何かの変化が起こるのか，あるいは，自分の期待や考えとは異なる品物が出てくるのか，と受け取られてしまうのです。

客への配慮という点では，また店のやり方や規定を表すという点では，「～になります」は，丁寧なマニュアル敬語であると言えますが，他のマニュアル敬語と同様，すべての場面における丁寧な敬語であるということではありません。表現における場面・内容（なかみ）・意識（きもち）・内容（なかみ）の連動について考える必要があります。

「～になります」の代わりとしては，「～だ」の丁寧な敬語である丁重文体語の「～でございます」を用いた「ハンバーガーセットでございます。」を用いることが考えられます。

14 〈マニュアル敬語——お名前様のほう〉

銀行でクレジットカードの申し込み書類を書くとき，窓口の行員に「こちらにご住所のほうとお名前様のほうをお書きください」と言われました。言葉遣いに問題があるように感じたのですが，具体的にはどこが問題なのでしょうか。

解説　「～のほう」と「お名前様」の2点に問題があります。

「～のほう」の使い方のひとつとして，物事をぼかして言ったり遠回しに言ったりする，というものがあります。例えば，大学の教授であることをぼかして，「仕事は，大学のほうです。」と言うことなどがその例です。または，直接には尋ねにくい，言いにくいことを言うときの例もあります。「退院後，お体のほうはいかがですか。」「転職した会社，給料のほうはいいの？」のような例がそれです。この「物事をぼかす」という使い方には，物事を直接に指さないで，遠慮して表現したほうがいいという意識（きもち）があると考えられます。物事をあからさまに言わず，言葉の上でも配慮する，といった意識（きもち）が働いているのです。マニュアル敬語に用いられる理由も，このような遠慮や配慮にあるのでしょう。

一方，「～ほう」には対比・比較をする対象を念頭において表現する使い方もあります。たとえば，レストランでハンバーグとコーヒーを注文した客に対して，「コーヒーのほうは食後にお持ちしましょうか。」と聞くのがその例です。

「～のほう」は，上にあげた2つの条件のもとで使用されるのであれば，問題ありません。ところが，近年，マニュアル敬語として，物事をぼかして表現する必要のない場面や，対比・比較の対象がない場合に「～のほう」が使われることが増えました。特に，住所，名前，金額など，正確さが要求される内容（なかみ）に対し，「～のほう」を用いると，かえって適切ではなくなる，不自然さが感じられるようになるのです。

クレジットカードの申し込み書類における名前と住所は，大変重要なもので，正確に書く必要があります。名前と住所は，正確であること自体に意味があるもので，「～のほう」でぼかすという性質とは相反するもので

あり，不適切であると言えます。したがって，「〜のほう」を取り，「お名前」「ご住所」という直接尊重語にすることによって適切な表現になります。

次に「お名前様」の問題です。「様」は直接尊重語を作る敬語の形式で，人物の名前について，その人物を高くする，という敬語的性質を持っています。「さん」や「殿」も同じ使い方の敬語ですが，「さん」は「様」よりは高くするといった敬語的性質の度合いが低く，「殿」は現代日本語では主に書類などの文章表現によく使われる敬語です。

「名前」は人物ではありませんので，適切な敬語の形式とはなりません。「お名前」で十分です。

ただし，「T書店様」「W大学様」のように，会社名や団体名に「様」をつけて敬語化する場合があります。これは会社や団体といったある集団に所属する人物を特定しないで，その集団を擬人化して表現しているものだと考えられます。その集団の全体を表す表現として，あるいは，その集団の構成員に対する呼び方として使われています。

また，「T書店さん」「W大学さん」のように「さん」をつける場合もあります。意味は「様」を用いた場合と同じです。ただし，「さん」は「様」より敬意の度合いが低いので，「様」に比べると，多少くだけた印象を与える敬語であると言えます。

このほかにも「患者様」などという呼び方がありますが，これには違和感を覚える人も多いようです。「患者」（患っている者）という捉え方と，あたかも病院の「お客様」のような捉え方とに矛盾があることから違和感が生じるものと考えられます。

すっきりした印象の適切な敬語表現の例としては，以下のようなものがあげられます。

「こちらにご住所とお名前をお書きください。」
「ご住所とお名前をご記入ください」
「ご住所とお名前をお書きいただけますか」

15 〈複合語の直接尊重語——おわかりにくい〉

プレゼンテーションで「おわかりにくい点がありますでしょうか。」と言ったところ，後で上司に言葉遣いを注意されました。どこか問題があったのでしょうか。

解説 「わかりにくい」という言葉を敬語にする際の問題です。ポイントは敬語の形の問題，特に複合形容詞の敬語化の問題です。とりあえず「お」や「ご」をつけて敬語化するという意識が働き，「わかりにくい」が「おわかりにくい」という形になったのだろうと考えられます。

複合語の敬語化は，次のように考えます。

　　わかる（わかり）＋にくい

「わかる（わかり）」を直接尊重語の「おわかりになる（おわかりになり）」にして，

　　おわかりになり＋にくい→おわかりになりにくい

となります。つまり「動詞＋形容詞」の構造を持っている場合には動詞の部分を敬語化すればいいのです。

例えば，「読みやすい」であれば「お読みになりやすい」，「見にくい」であれば，「ご覧になりにくい」となります。

この「おわかりにくい」のような言い方は，他にもよく聞かれます。例えば，よく問題にされる「お求めやすくなりました」という表現です。これも敬語化の規則に従えば，「お求めやすい」ではなく「お求めになりやすい」となります。しかし，実際には，「お求めやすくなりました」といった言い方がすでに慣用的に用いられているのは事実です。「お求めになりやすくなりました」という表現が言いにくい，わかりにくいということも理由の１つかもしれません。どういう立場で適否を論じるかによっても意見が分かれるでしょう。

16 〈直接尊重語と間接尊重語の誤用——いただいてください〉
スーパーの食品売り場の店員が「このショコラドリンクは，冷やしていただいてください。」と言いながら商品を勧めたところ，客から言葉遣いを注意されました。どこが問題だったのでしょうか。

解説 店員が言いたかったことは「冷やして飲んでください」ということだったのでしょうが，敬語化にやや問題があります。

「飲む」という動作の主体は客です。客を高めなければならないので，「動作の主体を高くする」という敬語的性質を持つ直接尊重語を用いる必要があります。「飲む」の直接尊重語は，「召し上がる」です。したがって，「このショコラドリンクは，冷やして召し上がってください」あるいは，「お召し上がりください」が適切な敬語表現です。

「いただく」を用いて敬語化を行ったのは，「飲む」における直接尊重語と間接尊重語を混同した結果でしょう。「いただく」は自分の飲む・食べる行為について用いられる敬語ですが，使用頻度が比較的高いので，間違いやすいのかもしれません。

このほかにも，「あちらでうかがってください。」「(あなたは) もうお尋ねしましたか。」など，丁寧に話しているつもりでも，間接尊重語を直接尊重語のように使ってしまうことによる生じる問題は多く見られます。

ただし，このような「いただく」は美化語としての用法だと考えることもできます。「おいしく飲めます」「簡単に食べられます」などを「おいしくいただけます」「簡単にいただけます」などと表現することもあるのは，「いただく」の持つ間接尊重語としての性質が消え，言葉をきれいにする意識で使われているということです。

もちろん，相手に勧める言い方として，「どうぞ，いただいてください。」などというのは，表現主体は美化語だと意識していたとしても問題が残る表現です。「召し上がってください」のほうが適切でしょう。

17 〈「御苦労さま」と「お疲れさま」〉
大学の講義が終わった後，友人の山本君が担当講師に「先生，どうも御苦労さまでした。」とあいさつをしたところ，担当講師は困ったような顔をしました。山本君の言葉遣いのどこに問題があったのでしょうか。

解説　「御苦労さまでした」という表現について確認しておきましょう。「御苦労さま系」の表現（御苦労，御苦労さん，御苦労さま，御苦労さまでした，など）は自分のために仕事をしてくれた人，例えば，配達をしてくれた店員などに対してねぎらいの気持ちをこめて使うのが典型的です。

　次に，ねぎらいの問題です。何かを教えてくれた，目上の人物である担当講師に対し，その行為をねぎらうこと自体に問題があると考えられます。教えを受けた，勉強になったということに対する気持ちを伝えることはねぎらいではなく，感謝という観点で捉えるほうが適切でしょう。

　したがって，「先生，（今日も）ありがとうございました。」や「先生，（大変／非常に）勉強になりました。」のように感謝の気持ちを表す表現で，担当講師と担当講師の講義に対する気持ちを表現するとより適切な敬語表現になるのではないでしょうか。

　目上の人に対して「御苦労さま系」は失礼だ，「お疲れさま系」（お疲れ，お疲れさん，お疲れ様，お疲れさまでした，など）にすればよい，という意見もあるようですが，この場合には，「お疲れさまでした」と言うのもふさわしくないでしょう。

　「お疲れさま系」は，典型的には，一緒に作業や仕事をした仲間同士がお互いにねぎらい合うときに用いられる表現です。したがって，授業の後に，講師に対して「お疲れ様でした」というのは，同じ立場で参加していた，という認識を示すことになってしまい，その点で，やや問題のある表現です。ただし，教師と学生の関係でも，授業ではなく研究会である場合や，一緒に活動をしていた時などには，「ありがとうございました」ではなく，「お疲れ様でした」のほうが適切な表現でしょう。場面に応じて表現の適否も異なるわけです。

> **18** 〈呼び方, ほめ方――山田教授, よかったですよ〉
> 講演会の後, 講演者の大学教授に「山田教授, 今日の講演は非常によかったですよ。」とあいさつをしましたところ, 講演者は困ったような顔をしました。どこが問題だったのでしょうか。

解説 上位者に対する呼び方や, 評価（特にほめ）などに問題があります。

あいさつの意図は「講演がとてもよかったので, 感謝の気持ちを伝えたい」というものでしょう。この意図をもとに,「今日の講演は非常によかったですよ」を見ていきます。

ある能力や技術などをほめるには, それが評価できる立場にいなければなりません。「今日の講演は非常によかった」という評価をすることは, 講演者の大学教授を評価できる立場にある, つまり大学教授より知識, 能力, 講演の技術などが優れているということでなければなりません。講演者が大学教授であることに対して, 評価をする主体が学生あるいは, 専門家でない場合などは, 評価すること自体が不適切なものになってしまいます。

ただし, 立場にない者は, 上位者に対しては評価をするな, 上位者をほめてはいけない, などということではありません。ほめたい気持ちを伝えるために, 敬語表現を生かした表現上の工夫をする必要があるということです。

それでは, どのように表現すればよいのでしょうか。ここでの表現意図は,「よい講演だった・感謝の気持ちを伝えたい」というものなので, 後者の感謝の気持ちにフォーカスを当てて表現の工夫をすることができます。

例えば,「非常に勉強になった」「大変わかりやすかった」「ありがとうございました」などを用いて表現することができるのです。もちろん, そうした気持ちは, 言葉だけではなく, 態度や表情によっても伝えられるでしょう。

ほめられて嬉しくない人はいないでしょうから, 素直な気持ちで「先生,

今日の講演はよかったよ。」とほめることによって，よいコミュニケーションが成立することもあります。お世辞で「大変素晴らしい御講演でございました。」などと心なくほめられても慇懃無礼な印象しか与えないこともあるでしょう。安易に評価するようなほめ方はしない，素直な気持ちや感動を言葉だけではなく非言語によっても伝える，などの工夫によって，よりよいコミュニケーションとなるのだと言えます。

　なお，細かい点ですが，「今日の授業はよかったですよ。」とほめたときの「は」も気になります。「いつもはよくないけど」というニュアンスが伝わってしまうからです。

　次に，呼び方の問題です。「山田教授」と呼ぶのではなく，「山田先生」としたほうが，より丁寧で，より適切な敬語表現です。「山田教授」は，職名を示すだけで，敬称（敬語）ではありません。

　ただし，「教授」だけでなく「部長」「社長」「師匠」などの肩書きを表す名詞の一部——特に呼称として用いられた場合——は，敬語でないにもかかわらず，ある程度相手を高くするような印象があったり，相手を評価するような印象があったりします。つまり，それらの言葉に敬語的な印象があるということです。

　以上を踏まえると，次のような表現が適切な敬語表現の例として考えられます。

　　「山田先生，今日の御講演，非常に勉強になりました。わかりやすくお教えいただき，どうもありがとうございました。」
　　「山田先生のお話，大変参考になりました。これまで疑問に思っていた点が解消しました。ありがとうございました。」

第2章

待遇コミュニケーション

I...... 待遇コミュニケーションとは
II..... 丁寧さの原理
III.... 待遇コミュニケーションの諸相
IV.... 待遇コミュニケーションに関するQ&A

待遇コミュニケーションは，コミュニケーションをする主体（話し手・書き手・聞き手・読み手）が，コミュニケーションの場面（人間関係・場）を考えたり，配慮したりして行う，表現と理解のコミュニケーションのことです。そのコミュニケーションは相互行為（やりとり・インタラクション）であり，言語だけでなく非言語でも行われます。

　待遇コミュニケーションは，表現形式だけでなく，言語と非言語を含めた表現行為や理解行為のレベルで考える必要があります。そして，単独の表現，単独の行為だけでなく，相手とのやりとりや文章や談話（会話）全体で考える必要もあります。

　また，待遇コミュニケーションにおける人間関係は，単に上下親疎の関係，円滑な人間関係として捉えるだけではなく，不満や苦情といった自己表現に絡むものも含みます。

　このように，待遇コミュニケーションとは，敬語や敬語表現をコミュニケーションの観点から考えるために必要な，より大きな枠組みであると言えます。

　第2章では，第Ⅰ節で待遇コミュニケーションとは何かを明らかにし，第Ⅱ節で行動展開表現，理解要請表現における丁寧さの原理を考え，第Ⅲ節で敬語コミュニケーション・待遇コミュニケーションの諸相を見ていきます。そして，第Ⅳ節では待遇コミュニケーション・敬語コミュニケーションのＱ＆Ａを通じて，より深い理解を目指します。

Ⅰ. 待遇コミュニケーションとは

待遇

　待遇コミュニケーションの「待遇」とは，コミュニケーションをするときに，コミュニケーション主体（話し手・書き手・聞き手・読み手）が，〈場面（人間関係・場）のことを考える・配慮する〉という意味です。

　人間関係を考える・配慮するとは，〈自分のことを考える〉〈相手のことを考える〉〈話題の人物のことを考える〉という3つの場合があります。

　「自分のことを考える」というのは，例えば，そのコミュニケーションで自分は何を表現したいか，その相手に何を伝えたいか，また，その相手に自分をどのように見せるかなどを考える，ということです。「相手のことを考える」というのは，そのコミュニケーションで相手が何を表現したがっているのか，何を伝えようとしているのか，自分とどのような関係を作りたいのかなどを考える，ということです。「話題の人物のことを考える」というのは，特にコミュニケーションの話題の人物の気持ちや自分（たち）との関係について考えることです。

　次に，場のことを考えるというのは，〈そのときの場や状況を考えながらコミュニケーションする〉ということです。例えば，フォーマルな場を考慮して表現を選んだり，急いでいる相手の状況に配慮して話を早く切り上げたりすることなどです。

　コミュニケーションには，いつも人間関係があり，いつも場が関係していて，コミュニケーション主体はそれらを考えながら行動しているものです。その意味では，すべてのコミュニケーションは待遇コミュニケーションであると言っていいでしょう。

待遇表現・待遇理解

　待遇コミュニケーションは自分と相手とのやりとりであることから，待遇表現と待遇理解の両面から考える必要があります。

　まず，待遇表現とは，コミュニケーションするときに，コミュニケーション主体（話し手・書き手・聞き手・読み手）が，場面のことを考え，配慮した表現行為（または表現行為の結果として成立した表現形式）のことです。

　例えば，待遇表現には，上下親疎を中心とした人間関係に対応した表現行為（または表現形式），そして，改まった場やくだけた場に対応した表現行為（または表現形式）があります。具体的には，敬語をはじめ，自分をどのように見せるかといった自己表現に関する表現行為（または表現形式）や，マイナス待遇の表現行為（または表現形式）（⇒P.86）が含まれます。

　次に，待遇表現を理解することを待遇理解と呼びます。待遇理解は，コミュニケーション主体が，表現行為（表現形式）を通してどのように待遇されているか理解することを意味します。

　例えば，ある場面における敬語の使用を通して，相手が自分をどのように待遇しているかを理解することができるでしょう。直接尊重語の使用を通して，相手の尊重の気持ちを理解するかもしれません。一方で，敬語の不使用を通して，相手の親密な気持ちを理解するかもしれません。

　このように，コミュニケーションの中では，コミュニケーション主体同士による待遇表現と待遇理解が，交互に，そして同時に起こっていると言うことができます。

表現行為と理解行為

　待遇コミュニケーションでは，表現することだけでなく，理解することも併せて考えます。場面を考えて表現することを表現行為と呼び，場面を考えて理解することを理解行為と呼びます。

　表現行為とは，コミュニケーション主体が人間関係や場について考えながら表現することです。例えば，仕事の同僚のがんばりをねぎらって「お疲れ様でした」と言ったり，忙しい人に依頼するときに「今，大丈夫？」と確認したりするのは，人間関係や場を考えた表現行為と言えます。

　理解行為とは，コミュニケーション主体が人間関係や場を考えながら理解することです。例えば，相手の悩みを聞くときは相手の置かれている状況を理解しようとするでしょう。授業で先生やクラスメートの話を聞くときであっても，授業という場で何を伝えたいのかを考えながら聞きます。また，会話で見られるような，わからないところを確認する，理解したことを示す，共感する，相手の言いたいことを明らかにしようとする，といった理解のための行為も，理解行為と言えます。

　待遇コミュニケーションにおいては，表現形式と表現行為を区別して考えることが大切です。なぜなら，実際のコミュニケーションにおいては，表現形式の辞書的な意味と表現行為が相手に伝える意味とが違うことがあるからです。

　例えば，ある場面における表現形式が依頼表現（依頼を意味する表現形式）の「〜てくれませんか。」であったとしても，表現行為としては指示・命令として相手に伝わる，というような場合です。このように，表現行為が何を意味するかは，そのコミュニケーションの場面に大きく影響を受けます。だから，コミュニケーション主体が表現する行為を表現行為と呼んで，表現形式と区別して考える必要があるのです。待遇コミュニケーションは，こうした表現行為と理解行為をくりかえす表現主体同士の相互行為によって成立します。

コミュニケーション主体

　コミュニケーション主体とは，コミュニケーションをする人のことです。コミュニケーション主体は，待遇コミュニケーションを考える上で，一番重要なものです。

　なぜなら，コミュニケーション主体がどのように考えて，どのように表現するか，理解するか。また，コミュニケーション主体同士がどのような人間関係にあるか，どこにいるか。こうしたことによって，コミュニケーションそのものが変わってくるからです。

　例えば，初対面の場では，お互いに自己紹介するというコミュニケーションが行われます。このとき，自分を他者に紹介するという目的は同じでも，コミュニケーション主体の経歴はもちろん，その考え方や判断の違いによって，話す内容は変わります。コミュニケーション主体が初対面の場をフォーマルな場と認識すれば丁寧な言葉が使われ，反対に，インフォーマルな場と判断すればくだけた表現が使われるかもしれません。このように，コミュニケーション主体によって，コミュニケーションの内容も表現も変わってくるわけです。

　また，コミュニケーションはやりとりですから，1つのコミュニケーションにコミュニケーション主体は2人以上いるのが普通です。ただし，必ずしも自分と他人でなければ待遇コミュニケーションが成立しないわけではありません。例えば，自分自身の中で考えながら自分と対話することも，1つのコミュニケーションです。

　コミュニケーション主体としての自分と他者（他人あるいは客体化した自分）が，場面を考えてやりとりすること，これが，待遇コミュニケーションの基本です。

待遇コミュニケーションの5つの要素

第1章では、敬語表現における5つの要素を説明しました。ここでは、これらの要素をさらに広い視点から捉え、待遇コミュニケーションという立場から5つの要素を説明します。

待遇コミュニケーションとは、コミュニケーション主体が、人間関係、場、意識、内容、形式を考えながら行うコミュニケーションのことです。待遇コミュニケーションは、下図のように、これら〈5つの要素〉が連動することによって成立します。

待遇コミュニケーションの5つの要素

- 人間関係
- 場
- 意識（きもち）
- 内容（なかみ）
- 形式（かたち）

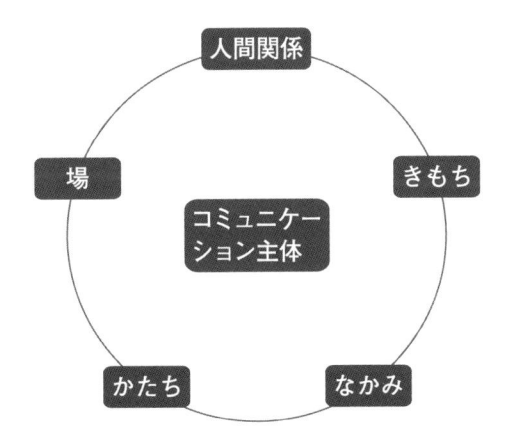

場面（人間関係・場）

　待遇コミュニケーションでは，場面を人間関係と場の２つに分けて考えます。

■人間関係（自分・相手・話題の人物）

　人間関係とは，自分と相手，または，話題の人物との関係を意味します。人はいろいろな人間関係を持っているものです。例えば，右ページの図のＡさんの人間関係を見てみましょう。

　Ａさんは，日常生活の中で，いろいろな場と人間関係の組み合わせを経験しています。まず，学校では学生（Ａさん）と先生の関係があります。他に，学生（Ａさん）と学生（他の学生）や先輩（Ａさん）と後輩といった関係もあるでしょう。家では子（Ａさん）と親の関係があります。兄（Ａさん）と弟という関係もあるかもしれません。また，借りている部屋においては，部屋を借りている人（Ａさん）と大家さんという関係があります。買い物に出れば，客（Ａさん）と店の店員という関係が生じてくるでしょう。

　このように，一人が抱える人間関係には，家族関係（親族関係），社会的立場の関係，役割関係，友人関係（心情的関係）のように，様々な関係があり，それぞれ，どのようなコミュニケーションを行うかの判断が変わってきます。

　また，文章や談話（会話）の中で話題の人物をどのように取り扱うかも，待遇コミュニケーションでは重要な観点です。なぜなら，その取り扱い方によって表現形式の選択が変わってくるからです。

　例えば，自分の会社の社長について，取引先の会社の人に話題の人物として話す場合，「来月，（うちの）社長がいらっしゃいます。」という敬語表現を使うことは，現代日本では一般的とは言えません。これはウチ・ソトの関係として知られています。他社の人と話すときには，自分の会社の社長であっても，ウチの関係にある人物の動作を尊敬語を使って待遇しない，という慣習に基づく判断が必要になってきます。

Aさんの人間関係と場

(図：Aさんを中心に、店員（店・○○マート）、先生（学校）、大家さん（アパート）、親（実家）との関係を示す。Aさんは客・学生・子ども・借りている人という立場を持つ。)

■場

　場とは、コミュニケーション主体の時間的・空間的な位置を意味します。つまり、コミュニケーションするとき、自分（たち）は「どこにいるか」「どんなところにいるか」「いつ いるか」ということです。Aさんは、日常生活の中で、学校や家や店など、いろいろなところにコミュニケーションの場があるわけです。

　このように、場は、コミュニケーション主体によって、文化的、社会的、歴史的な観点からマクロに捉えられる一方で、状況、雰囲気、文脈、コンテキスト、心理などによってミクロに捉えられることもあります。例えば、楽しそうなお客さんで満席のレストランという場を、「うるさい」と感じ

待遇コミュニケーションの5つの要素　　83

るか,「にぎやかだ」と感じるかは,それを感じる主体の判断によるものです。

このように,場というものは,マクロな,ミクロな視点から,コミュニケーション主体によって判断されるもので,現実にはこれらが重なり合って場を複雑に構成していると言えるでしょう。

意識（きもち）

コミュニケーション主体は,〈なぜ,何のために,何を目的としているか〉を考えながら,コミュニケーションするものです。この〈コミュニケーションを通じて何かを実現しようとする意識〉のことを意図と呼びます。

例えば,今日は辞書を忘れてしまったから,わからない言葉を調べるために,友達に辞書を借りよう,という意図を持って依頼のコミュニケーションをする場合,「辞書を借りよう」というのがこの依頼のコミュニケーションの意図になります。

また,コミュニケーション主体は,コミュニケーションするときに,おもしろい話をしてもっと相手と仲良くなりたい,とか,今はあまり話したくない,といった感情や気持ちを持つこともあります。

待遇コミュニケーションでは,こうした意図や気持ちを含めて,意識（きもち）と呼びます。

内容（なかみ）

人（コミュニケーション主体）は,ある場面において,ある意図をもって,〈何かについて,何かを〉表現し,理解しようとします。

例えば,朝,エレベーターの中で知り合いに会ったとき,挨拶した後,いったい何を話したらいいか,話題にちょっと困ることがあります。このようなときは,例えば「おはようございます。」のほかに,よくあるストラテジーとして,「最近,暑くなりましたね。」といった天候の話をすることがあります。

また，例えば，悩んで落ち込んでいる友達に，何と言ってなぐさめたらいいかは，相手や状況によっては難しい問題になります。相手に「がんばって」と言うとなぐさめるどころか，逆にプレッシャーを与えることもあるからです。
　待遇コミュニケーションでは，何を話すかということを，コミュニケーションの内容（なかみ）と呼びます。

形式（かたち）

　人（コミュニケーション主体）は，ある場面において，ある意図や気持ちをもって，ある内容を，ある言葉で，ある文話（文章や談話）で，ある音声・文字をもって，コミュニケーションします。
　こうしたコミュニケーションの中の言葉や文話（文章や談話），音声・文字などを，待遇コミュニケーションでは形式（かたち）と呼びます。
　例えば，ある相手に敬語という形式で話すか話さないかは，そのときのコミュニケーションの場面や意識，内容によってコミュニケーション主体が判断することになります。
　こうした形式（かたち）がなかったら，自分の伝えたい意識（きもち）も内容（なかみ）も明らかにすることができないし，相手にとっては理解する手掛かりがなくなりますから，コミュニケーションすることはできません。また，形式だけあっても，意識（きもち）や内容（なかみ）や場面がなかったら，それは待遇コミュニケーションになりません。
　このように，私たちは，コミュニケーションにおいて，場面（人間関係・場），意識（きもち），形式（かたち），内容（なかみ）を連動させて，自分の気持ちを表現したり，相手の言いたいことを理解したりしているものなのです。

プラス待遇・マイナス待遇

　待遇コミュニケーションは，いつも円滑な人間関係を目指すものとは限りません。コミュニケーションを通じて円滑な人間関係を目指すか目指さないかは，人（コミュニケーション主体）が，1つ1つの場面に応じて判断することだからです。

　円滑な人間関係を志向するコミュニケーションをプラス待遇，円滑ではない人間関係を志向するコミュニケーションをマイナス待遇と呼ぶことができます。

　例えば，知り合いになったばかりの人と，今後もっと仲良くなりたい，と思っている場合は，できるだけ自分と相手との距離が近くなるような，心地よい，プラスのコミュニケーションを志向するでしょう。

　反対に，知り合いになったばかりの人が不愉快なことを言うので，今後はあまり近づきたくないと思った場合は，距離が遠くなる効果のある話題や表現を意図的に使って，マイナスのコミュニケーションをするかもしれません。

　マイナス待遇の表現は，悪態や悪口のような，明示的に失礼な表現ばかりとは限りません。相手との距離を遠ざけることを目的としていて，積極的にけんかするなどということは避けたい場合はむしろ，悪態ではなく丁寧な表現を使ったほうが効果のある場合があります。

　例えば，レストランで注文した料理がなかなか来なくて，店の人に苦情を言いたい，怒りを伝えたい，という場合，「遅いじゃないか！」と普通体にして相手に近づいてしまうよりは，「もう1時間も待っているんですが，注文は通っているんでしょうか。」と丁寧に聞いたほうが，公的な発言になって，相手に対してより大きな効果を与える可能性があります。

表現意図

　コミュニケーションをするとき，人は，自分がその表現行為によって伝えたい意図があるものです。
　例えば，コミュニケーション主体は，相手に○○を依頼したいという意図を，その場面で，どのような形式や媒体で伝えたらいいか，自分が持っている知識や経験を参照しながら考えます。
　相手が親しい相手であり，相手が当然だと思うような依頼内容であれば，「～してくれない？」という表現形式を選ぶかもしれません。あるいは，相手が知り合いで，相手が驚くような突然の依頼内容であれば，「あの，突然で申し訳ないのですが」と前置きの表現を入れたり，「～いただけないでしょうか」と恩恵間接尊重語を選択したりするかもしれません。
　また，言いにくい依頼の場合は，依頼表現は使わずに，自分が困っていることを話して相手に自分のことを理解してもらったり，依頼の前にまず相手の状況を知るために，「最近，相変わらず忙しい？」と表現したりすることもあります。
　あるいは，その時の場面を考えると，今は相手に言わないほうがいいと判断し，表現行為自体を行わない，という選択も可能です。
　このように，依頼の意図は，常に1つの表現に対応しているわけではありません。場面によってその表現意図を表す表現方法は様々な選択肢があります。
　このように，待遇コミュニケーションでは，基本的には，コミュニケーション主体が意図しようとすることが最初にあり，コミュニケーションの場面が伴って初めてコミュニケーションは行われ，意図や場面に合わせて表現形式が選択される，というように考えます。

自己表現と相互尊重

　待遇コミュニケーションは，相手をどのように取り扱うかということだけでなく，自分をどのように取り扱うか，自分をどのように表現するか，という自分の認識を示す自己表現をも含んでいます。

　例えば，自分が社会的立場として上司にあるとき，アドバイスを求めてくる部下に対して，上司らしいコミュニケーションで応じることがあるでしょう。また，例えば，初対面の相手に，自分が堅い人間ではない印象を与えたい場合は，敢えてくだけた表現を選択するかもしれません。また，フォーマルな場面で，その場にふさわしい決まり言葉や敬語表現を使うことも，自分を常識的な社会的に洗練された人間であることをアピールできるかもしれません。このように，敬語表現も含めて，どのような表現形式を選択し，どのような表現行為を行うかは，自分を相手にアピールしたり，印象付けたり，自分の価値観を知ってもらったりすることにもなります。

　また，敬語表現は，自分と相手を上下に位置づける意識で用いるものではなく，基本的に自分と相手を尊重する相互尊重の意識で用いるものです。

　日本語の敬語表現は，社会的立場としての上位者が下位者に対して用いることもできます。例えば，何か難しい依頼をするときや，苦労した相手をねぎらうとき，そのような配慮の気持ちを，敬語表現を使うことによって，相手に伝えることができるのです。

　また，直接尊重語は，実際に尊敬している，していないにかかわらず，その人や場に対する尊重の意識を持って使います。こうした尊重の意識がないと，せっかく直接尊重語を使っても，人間関係や場に合わない過度の待遇になってしまい，かえって相手に失礼な印象を与えてしまうこともあります。相手の立場や気持ちや考え方などを尊重しながら，その場面に合った表現を選択することが，待遇コミュニケーションでは重要なことになります。

正しさ・適切さ

　ある場面で行われるコミュニケーションにおいては，語形の正しさが問われる一方で，その表現行為や表現形式，配慮などが場面に合っているかどうか，といった適切さも問われてきます。

　語形の正しさとしては，二重敬語や表現形式上の間違いがあげられるでしょう。例えば，「社長がおっしゃられたとおりでございます。」の「おっしゃられた」は，「オッシャル」と「…レル」という直接尊重語の二重使用になっており，敬語が過剰に使われていると言えます。

　表現形式の正しさについては，日本語教育で問題になりやすいところです。例えば直接尊重語の「オッシャル」を書くときに，「おしゃっる」と書くような表記上の間違いがあげられます。また，本来「先生がなさった」と書くところを「先生がなされた」と書く場合などもそれにあたります。これは，「おっしゃられた」に影響を受け，慣習的にあまり二重敬語にしない言葉まで二重敬語にしてしまったと考えられる例です。

　敬語表現の適切さには，いくつかの層があります。例えば，「こちらでお待ちしてください。」は，待つ動作をする相手を間接尊重語で表現している点において適切ではないと指摘することができます。相手の動作を高めるには直接尊重語である「こちらでお待ちになってください。」と「お〜になる」を選択するほうが適切です。

　また，会社で働いている人が取引先の人に対して，「（うちの）営業の田中さんは，今日はお休みをいただいているのですが」と言った場合は，他社の人物に対して，自分の会社内の人物に敬称をつけて述べることは，現代日本の社会文化的習慣からみて適切ではない，と指摘できます。

　がんばりすぎて疲れている人に対して「がんばって」と言って励ますことも，場面によっては相手にさらにプレッシャーをかけてしまい，発話者が本来意図した励ましにはならないかもしれません。こうした個々の人間関係における配慮も，場面によって適切にならないこともあります。

印象・効果

　コミュニケーションにおける表現行為は，意図や意味を伝えるだけでなく，相手に待遇的な印象・効果を与えることがあります。この印象・効果は，辞書的な意味のように固定的なものではなく，コミュニケーション主体の判断によって変わってくるものです。
　例えば，「日本語，じょうずですね」という表現で，言った人はほめたつもりでも，場面の判断によっては嫌味や批判と受け取られることもあります。これは，「じょうずですね」に備わっている意味ではなく，場面から判断される待遇的な印象や効果と言うことができるでしょう。
　この待遇的な印象や効果は，基本的にはコミュニケーション主体の場面の判断によって変化するものですが，以下のように，ある程度一般化されたものもあります。

◆親しみ　⟷　親しくない

　コミュニケーションにおける表現や内容の選び方によって，自分と相手との関係が近づいたり遠くなったりすることがあります。例えば，相手が悩みを話してくれたとき，自分と相手との距離が近づき，親しみを感じる可能性があります。また，同世代の人と知り合いになり，コミュニケーションを重ね，親しくなっていくにつれて，最初はお互いに丁寧語で話していたのが，徐々に友達言葉に変わっていくことがあります。反対に，お互いに私的なことはまったく話さず，話すときはいつも丁寧語，といった人間関係の場合は，自分と相手との距離はお互いに遠いと感じるかもしれません。

◆リラックス　⟷　居心地の悪さ

　コミュニケーションを通じて，リラックスした雰囲気を作ったり，逆に居心地の悪い思いをしたりすることがあります。例えば，家族団らんのコ

ミュニケーションはリラックスした雰囲気を作りますが，その中で息子が一人で携帯電話のメールばかり見ていてコミュニケーションをしないと，周囲にいる人はコミュニケーションを拒絶する行為のように見えて，居心地の悪い思いをするかもしれません。

◆親切さ ←→ 不親切さ

　コミュニケーションを通して，相手が親切さを感じたり，不親切さを感じたりすることがあります。例えば，自分が風邪を引いているのを相手が知って，別れるときに「お大事に」と言われたとき，相手のことを親切だと感じることがあります。また反対に，親しい友達に，依頼をすぐに断わられたとき，不親切だと感じることがあります。

◆わかりやすさ ←→ わかりにくさ

　ビジネス場面でのプレゼンテーションや学校での課題発表など，相手に理解を促すコミュニケーションの場合，話のわかりやすさは心地よい待遇につながり，わかりにくさは心地悪い待遇につながる可能性があります。相手にわかりやすく話をする行動は，相手の様子や理解状況などを確かめながら話す点において，場面や人間関係を配慮している行動ということができます。

◆高評価（ほめ） ←→ 低評価（批判）

　「（あなたの）日本語，じょうずですね。」「（あなたの持っているもの）はいいですね。」「（身に着けているもの）はきれいですね。」というように高い評価を意味する表現を使って相手をほめることができますが，いつもほめになるとは限りません。場面の判断によっては，辞書的な意味を乗り越え，嫌味や批判をしていると相手に伝わる可能性があります。

　現実にはこうした事例があるので，辞書的意味と待遇的な印象や効果とは分けて考える必要があります。

言語表現・非言語表現

　コミュニケーションの方法として第一に挙げられるのが言語表現です。相手を尊重していることを直接尊重語で表したり，フォーマルな場を配慮して丁寧語で表現したりすることは，典型的な言語表現による待遇コミュニケーションの方法と言えます。

　場や人間関係を考え，それを表現したり理解したりする方法は，言語表現だけでなく，非言語表現にもあります。

　例えば，店で店員が深くお辞儀をして，客がそれを丁寧だと感じる場合がありますが，この場合の店員の表現方法はお辞儀という非言語表現です。また，依頼を断るとき，断りにくくて言葉が出てこない場合は，顔の困った表情だけで断りを相手に伝えることができます。これも表情という非言語表現になります。

　また，積極的に話したり理解したりするだけでなく，意図的に話さない，意図的に相手の話を聞かない，という表現方法を取ることがあります。

　例えば，相手が疲れているように見えたから意図的に話しかけなかった，という行動は，場面（この場合，特に相手の状態）への配慮に基づいた待遇コミュニケーションと言ってよいでしょう。相手への不快感を伝えるために，わざと相手の話を聞かなかった，ということも，目前の場面への判断に基づいた表現方法と言えるでしょう。

　また，面接試験や仕事の打ち合わせなどには，社会的に一般化された丁寧さに関わる非言語表現が見られます。例えば，面接の場合は，面接会場への入室のしかた，お辞儀のしかた，応答のしかたなどがあげられます。また，仕事の打ち合わせなどのビジネス場面では，名刺の交換のしかたや挨拶のしかた，席へのつき方まで，フォーマルな場面に合った非言語表現が期待されています。

媒体・媒材

　相手に自分の気持ちや考えを伝えるコミュニケーションの方法を，媒体や媒材と言うことがあります。

　媒体には，大きく，文字と音声があります。

　文字を使った媒体によるコミュニケーションには，手紙，メール，ブログ，作文，ハンドアウト，広告やちらし，メモなどがあります。文字を使った媒体の特色として，書きなおすことができる，記録として残すことができる，複製（コピー）を取ることができるなどといったことがあげられます。

　音声を使った媒体によるコミュニケーションには，対面の会話，電話，発表，プレゼンテーション，質疑応答，アナウンス，ビデオ映像などがあります。音声を使った媒体には，対面や電話での会話のようにやり直すことのできない一過性のものもあるし，アナウンスやビデオ映像のように保管したり複製できたりするものもあります。

　私たちは，自分の考えや気持ちを他者に伝えるために，こうした媒体の特色を生かして，その場面に応じて適切な方法を選択しているものです。

　例えば，ある人に連絡したいことがあるけれども，その人はたぶん今忙しいので，電話連絡はやめて，いつでも読めるメールの利用を選択する，ということがあります。

　また，例えば，ある人にお礼の手紙を出したいとき，自分の心からの気持ちを伝えるために，コンピューターや印刷によって手紙を書かないで，丁寧に手書きで書くことを選択する人もいます。

　こうした媒体の選択も，適切な自己表現や相手への配慮に応じた形式（かたち）の選択の1つということができるでしょう。

Ⅱ. 丁寧さの原理

文話〈文章・談話（会話）〉

　敬語表現と同じように，待遇コミュニケーションにおいても，コミュニケーション主体が表現意図を叶えるための表現上のひとまとまりを「文話」と呼びます。文話とは，文章と談話（会話）の総称です。
　文話は，文字表現としての文章として，また，音声表現としての談話（会話）として成立します。文話は，長文の手紙や長い会話のやりとりはもちろん，「あ！」といった1つの文や語だけで成り立つものも含みます。

■文章
　例えば，あるコミュニケーション主体が，友達を誘って食事に行きたいという表現意図を叶えるために，メールで「○○です。お元気ですか。もうすぐ誕生日ですね。この前，おいしそうなお寿司屋さんをみつけたんだけど，そこで誕生日会をしませんか。都合のよい日を教えてください。待っています。」と書いた場合，このひとまとまりの表現が文話となります。

■談話（会話）
　例えば，あるコミュニケーション主体が，のどが渇いたので，水を一杯持ってきてもらいたいという表現意図を叶えるために，「あのー。すみません。のどが渇いたんで，水一杯いただけませんか。」と表現したとき，このひとまとまりの表現が文話となります。他にも，同じ表現意図を持って，「水を一杯ください。」や「水！」と言った場合も同じように，それぞれが1つの文話となります。

自己表出表現・理解要請表現・行動展開表現

　文話は，大きく3つの種類に分けることができます。

■自己表出表現
　お風呂に入っているときに，「ああ，いい湯だ。気持ちいいなあ。」と独り言を言うように，自己表出を表現意図とする文話です。これを自己表出表現と呼びます。「さあ，今日もがんばるぞ！」のように，自分を励ますような表現も，これに含まれます。

■理解要請表現
　プレゼンテーションで説明するとき，例えば，「クジラは魚類ではありません。哺乳類です。」と言うように，相手への理解を促すことを表現意図とする文話です。これを理解要請表現と呼びます。「ちょっとお考えをお聞かせいただけると，ありがたいんですが。」のように，自分の希望を述べる表現も，これに含まれます。(⇒ P.119)

■行動展開表現
　レストランで水が飲みたいので店員さんに「すみません，水ください。」と言ったり，または，自分から「荷物を持ちましょうか。」と申し出たりするなど，相手や自分が何らかの行動を起こすことを表現意図とする文話です。これを行動展開表現と呼びます。

　3つの中で，特に行動展開表現は，自分や相手が行動を起こすことを意図する表現のため，行動を起こす人に対して負担をかけたり，無理に行動させたりして失礼な印象を与える可能性があります。そこで，相手に失礼な印象を与えないためにはどうしたらよいか，行動展開表現の丁寧さについて考え，整理しておく必要があります。

行動展開表現の構造

　行動展開表現の丁寧さは，1つ1つの言葉の敬語的性質によって決まるものではありません。丁寧さは，行動展開表現の持つ構造と深い関係があります。例えば，次の表現を見てみましょう。

　(1)　「すみません，水を1杯いただけますか。」(依頼)
　(2)　「あのー，この本をお借りしてもよろしいでしょうか。」(許可求め)

(1)は依頼，(2)は許可求めを意図した行動展開表現ですが，それぞれ，「だれが何を行動するか」については，

　　　(1)　相手が水を1ぱい持ってくる。　　(2)　自分が本を借りる

ということになります。次に，「それらの行動をだれが決めるのか」，「だれがその行動の決定権を持っているのか」については，

　　(1)　相手　　(2)　相手

となります。次に，その行動によって，「だれが利益・恩恵を受けるか」と言うと，

　　(1)　自分　　(2)　自分

となります。つまり，(1)の表現は，相手が行動し，相手がその決定権を持ち，自分が利益を受けることになります。(2)の表現は自分が行動し，相手がその行動の決定権を持ち，自分が利益を受けることになります。
　このように，行動展開表現は，以下のように3つの観点から整理することができます。

　　・だれが行動するのか。
　　・だれがその行動の決定権を持つのか。
　　・だれがその行動によって利益や恩恵を受けるのか。

行動展開表現と丁寧さの原理

代表的な行動展開表現を行動，決定権，利益の3点で整理すると（⇒P. 96），以下のようになります。

忠告・助言……行動（相手）・決定権（相手）・利益（相手）
誘い…………行動（自分・相手）・決定権（相手）・利益（自分・相手）
勧め…………行動（相手）・決定権（相手）・利益（相手）
依頼…………行動（相手）・決定権（相手）・利益（自分）
指示・命令……行動（相手）・決定権（自分）・利益（自分・相手・どちらにもない）
許可与え………行動（相手）・決定権（自分）・利益（相手）
申し出…………行動（自分）・決定権（相手）・利益（相手）
許可求め………行動（自分）・決定権（相手）・利益（自分）
確認…………行動（自分）・決定権（相手）・利益（自分・相手・どちらにもない）
宣言…………行動（自分）・決定権（自分）・利益（自分）

行動展開表現の丁寧さについて，上述の3つの視点から分析してみましょう。

まず，行動を考えてみます。こちらの意図通りに相手に行動させることは，基本的には丁寧な行動とは言えません。自分が行動するほうが丁寧になります。

決定権については，こちらが決定してしまうのではなく，基本的には相手に動くかどうかを決定してもらうほうが丁寧な行動と言えるでしょう。

利益ですが，相手にありがたいと思わせるのは，基本的にはあまり丁寧とは言えません。自分が相手の行動によって利益や恩恵を受けると認識す

ること，相手の行動をありがたいと認識し，それを伝えることが，丁寧だと考えることができます。

　つまり，以下の構造を持った表現の丁寧さが一番高いと言うことができます。代表的な表現は許可求めです。

　　　自分が行動する。
　　　相手が決定権を持つ。
　　　自分が利益を受ける。

　一方，一番丁寧さが低い表現は，次の構造を持った表現です。代表的な表現は許可与え表現です。

　　　相手が行動する。
　　　自分が決定権を持つ。
　　　相手が利益を受ける。

　このように，丁寧さは，行動と決定権と利益という3つの観点で構造的に説明することができます。こうした丁寧さの構造を「丁寧さの原理」と呼びます。行動展開表現においては，行動＝自分，決定権＝相手，利益・恩恵＝自分という構造を持った表現が，最も丁寧さの原理に合った丁寧な表現になります。丁寧さの高低で主な行動展開表現を並べ替えると，以下のようになります。

丁寧さ 高	許可求め	「(私が) してもいいですか」
↑	依頼	「(あなたに) してもらえますか」
	誘い	「(いっしょに) しませんか」
	申し出	「(私が) しましょうか」
	助言	「(あなたが) したほうがいいですよ」
↓	指示・命令	「(あなたが) してください・しなさい」
丁寧さ 低	許可与え	「(あなたが) してもいいですよ」

あたかも表現

　本音の意図は命令でも，依頼のような表現をすることがあります。例えば，会社で上司が部下に「御客様にお茶を入れてくれませんか。」と言うような場面です。

　それは，命令する表現ではなく，決定権を相手に渡し，あたかも依頼をしているかのような表現にすることで，丁寧にしようとしている，ということができます。

　こうした表現は，あたかも○○を意図としているかのような表現ということで，待遇コミュニケーションでは「あたかも表現」と名づけています。上の例は，あたかも依頼表現となります。

　行動展開表現におけるあたかも表現は，多くの場合，丁寧さの原理に即した方向で表現されます。相手が行動するほとんどの表現が，行動＝相手，決定権＝相手，利益・恩恵＝自分となるあたかも依頼表現に，自分が行動するほとんどの表現が，行動＝自分，決定権＝相手，利益・恩恵＝自分となる，あたかも許可求め表現に集まってきます。

　行動が相手である依頼表現を，行動が自分であるかのようにした，あたかも許可求め表現にすることもあります。例えば，「取っていただけますか。」という依頼表現を，「取っていただきたいのですが，よろしいでしょうか。」や「取っていただいてもよろしいでしょうか。」というように，より丁寧さの高い許可求め表現に変えるような場合です。

　また，こうした行動展開表現内でのあたかも表現だけではなく，行動展開表現から理解要請表現に変えて，「取っていただけると，ありがたいのですが…」などと言う場合（あたかも理解要請表現）や，自己表出表現に変えて「取ってもらえると，嬉しいなあ」などと言う場合（あたかも自己表出表現）もあります。

当然性

　依頼された人が返事をするにあたって、その依頼はぜひ引き受けたい、それは私が行動するのが妥当だろう、と思うことがある一方で、どうして私に頼むのだろうか、行動の意味がわからないなど、依頼に当惑することもあります。

　このように、コミュニケーション主体にとって行動展開表現が当然か、当然ではないかについてを、待遇コミュニケーションでは「当然性」と呼びます。一般に、当然性が高い行動展開表現は受諾されやすく、当然性が低い行動展開表現は断られやすいと考えられます。

　例えば、アドバイス表現は、行動も決定権も利益も相手にある表現ですが、自分に関係のないことについて表現するという点において、相手に失礼になる、お節介な表現になる可能性があります。ですから、自分が教師で相手が学生であるとか、自分が上司で相手が部下であるとか、自分が医者で相手が患者であるというように、社会的な立場上、相手にアドバイスができる当然性が高い場合にアドバイスを表現するほうが、より適切な表現だと言えます。レストランで客が店員に対して「すみません、お水ください」と依頼する場合も、その依頼内容は店員にとって行動する当然性が高い場合と言えるでしょう。

　また、人間関係だけではなく、コミュニケーションの内容（なかみ）が当然性と関わることもあります。依頼される当然性が低かったにもかかわらず、依頼者の話を聞いているうちに、話の内容に納得し、結局、依頼を引き受けることになった、というような場合です。例えば、一見、今の自分に関係なさそうな仕事を依頼されて、いったんは断ろうと思っても、相手の説得を聞いているうちに関係性を見出し、結局引き受けることになった、というような事例があげられるでしょう。

理解要請表現の丁寧さ

　理解要請表現は，相手に事情を説明したり，理由を説明したり，事柄を説明したりして，それをわかってもらうための表現です。そのため，特に相手の行動に展開するタイプの行動展開表現，例えば指示表現や依頼表現などとは異なり，相手に働きかけるのではなく，自分の気持ちや考え，知識や情報を相手に伝えることが主眼となります。したがって，相手に行動を起こさせる表現に比べると丁寧さとの関係が薄いように見えます。

　しかし，理解要請表現にも，場面や人間関係に応じて，行動展開表現とは別の丁寧さがあります。例えば，相手にわかってもらおうとしても，相手がわかりにくく感じたり，理解できなかったりした場合は，あまり親切な説明だったとは言えません。この場合は，不親切な待遇をしてしまったことになります。理解要請表現における丁寧さには，相手がわかりやすいように，説明のしかた，表現が明確であることが求められると言えます。例えば，自分の意見を言うときには，相手が納得しやすい根拠を明確に述べたり，物事の手順を説明するときには，相手が理解しやすいように時間を追って説明したりする，といった表現上の工夫が考えられます。

　行動展開表現における丁寧さが，行動，決定権，利益で決まってくるのに対して，理解要請表現では，場面に配慮して伝えようとする点に丁寧さのポイントがあると言えるでしょう。

　また，特に当然性の低い行動展開表現の場合は，理解要請表現である事情説明を加えて「図書館で全部借りられているので，その本を貸していただけませんか（理解要請表現＋行動展開表現）」と言うほうが，より丁寧な印象になる場合があります。このように，行動展開表現であっても，理解要請表現も含めて文話全体で考えることによって，表現全体の丁寧さが見えてくるわけです。

行動展開表現から理解要請表現への回避

　相手に行動を起こさせる行動展開表現より，相手の理解を求める理解要請表現のほうが，間接的な表現になって，相手に丁寧な印象を与えることがあります。

　例えば，取引先の会社の人に，今週中の面会をお願いすることを表現する場合，以下の表現の選択が考えられます。

(1)「今週中にお時間をいただけないでしょうか。」（直接的な依頼）
(2)「今週中にお時間をいただけるとありがたいんですが。」（希望述べ）

(1)は直接的な依頼表現を選択していますが，(2)のように，直接的な依頼表現は避けて，希望を述べることだけを行う理解要請表現を選択すると，さらに婉曲的になります。つまり，行動展開表現によって直接，行動を起こせない場合は，間接的で婉曲的な印象を与える理解要請表現に回避することで，丁寧さを保つこともできるわけです。

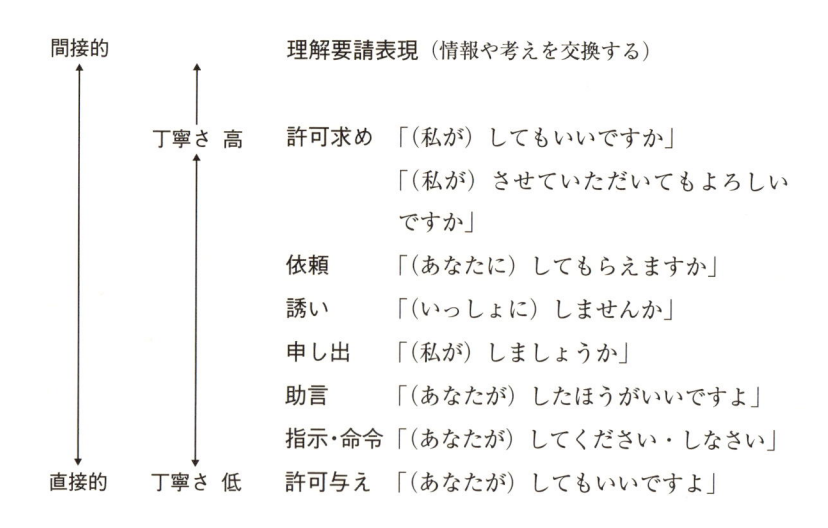

理解要請表現（情報や考えを交換する）

許可求め	「（私が）してもいいですか」
	「（私が）させていただいてもよろしいですか」
依頼	「（あなたに）してもらえますか」
誘い	「（いっしょに）しませんか」
申し出	「（私が）しましょうか」
助言	「（あなたが）したほうがいいですよ」
指示・命令	「（あなたが）してください・しなさい」
許可与え	「（あなたが）してもいいですよ」

間接的 ↑ 丁寧さ 高
直接的 ↓ 丁寧さ 低

談話展開の丁寧さ

　談話展開にも，丁寧さがあります。次の例は，依頼のコミュニケーションの基本的な展開です。

1. 相手の今の状況を配慮する	「あのー，今よろしいですか。」
2. 会話の目的を明確にする	「お願いしたいことがあるんですが，」
3. お願いの内容を説明する	「実は（説明）んです。」
4. 明確な依頼表現	「〜ていただけないでしょうか。」
→相手ＯＫ	
5. お礼	「ありがとうございます。」
6. これからの動きを調整する	「では，またご連絡します。」
7. 相手の今の状況を配慮する	「お忙しいところありがとうございました。」
8. 会話を終わらせる。	「失礼します。」

　こうしたコミュニケーションの基本的な談話展開も，コミュニケーション主体の場面の判断によって，その表現内容は変容します。例えば，相手がこの依頼内容についてよく知らない人だったら，「3. お願いの内容を説明する」とき，より詳しく話すかもしれません。また，相手が忙しい人だったら，「6. これからの動きを調整する」ときに相手の都合にいろいろ配慮するかもしれません。

　また，自分も相手も，依頼の当然性（⇒ P.100）が高いと判断できる場合は，行動に関する説明をしなくてもいいので，談話展開は短くなります。当然性が低い場合は，行動に関して相手が納得するまで説明する必要があるので，コミュニケーションの展開は長く，丁寧になります。

　このように，談話展開の丁寧さは，コミュニケーション主体の場面や当然性に対する判断と深く関わっているのです。

配慮表現

　行動展開表現のコミュニケーションの中には，相手の負担を軽くする様々な配慮表現を見ることができます。

　例えば，(1)は，相手の忙しさに配慮した表現で，コミュニケーションの開始部分に現れます。

(1) 相手が忙しいことに配慮する。
　「今，よろしいでしょうか。」「お忙しいところ失礼いたします。」

　(2)は，依頼をした後に，決定権を相手に明示的に渡すことで，相手の負担を少しでも軽くしようと配慮する表現です。

(2) 自分が決めない。相手に判断してもらう。
　「いつでも結構です。」「いつがよろしいでしょうか」

　(3)は，依頼の内容の説明において，行動を重く見せないで軽く見せようとする配慮の表現です。

(3) 依頼内容を重く見せない。
　「ご負担にならない程度でけっこうですので」
　「できましたら」「できたらで，けっこうですので」

　(4)は，相手にかける負担について，謝罪表現で詫びる気持ちを表す例です。

(4) 負担をかけたことを謝罪する。
　「お手間を取らせて申し訳ありません。」
　「いろいろ面倒なことお願いして，ごめんね。」

　このように，実際のコミュニケーション，特に行動展開表現においては，様々な配慮表現を使って，相手にかかる負担への配慮を表しています。

Ⅲ. 待遇コミュニケーションの諸相

待遇コミュニケーションの諸相

待遇コミュニケーションとは、人（コミュニケーション主体）が、場面（場・人間関係）、意識（きもち）、内容（なかみ）、形式（かたち）を考えながら行うコミュニケーションのことです。その範囲は幅広いものですが、代表的なものに、以下のような待遇コミュニケーションがあります。

- 依頼の待遇コミュニケーション
- 誘いの待遇コミュニケーション
- 許可の待遇コミュニケーション
- 指示・禁止の待遇コミュニケーション
- 申し出の待遇コミュニケーション
- アドバイス（勧め）の待遇コミュニケーション
- 話し合いの待遇コミュニケーション
- ほめの待遇コミュニケーション
- 苦情の待遇コミュニケーション

本節では、これらの表現の使用上のポイントを、次のような内容・構成によって、コミュニケーションの例をあげながら解説します。

■丁寧さの構造
　（行動，決定権，利益・恩恵という3つの視点から見た表現の丁寧さ。）
■表現
　（主な表現例と文章例，およびその使い方のポイント。）
■コミュニケーション
　（典型的な展開例とコミュニケーション例，使い方のポイントの解説。）

依頼

依頼する／依頼を受諾する／依頼を断る

依頼する

■丁寧さの構造

> 行動＝相手
> 決定権＝相手
> 利益・恩恵＝自分

　依頼表現は，決定権が相手にある点に丁寧さがあります。しかし，自分に利益がある行動を相手にさせようとする点において丁寧さに問題が起こりやすい表現です。自分が相手に行動を依頼することが妥当かどうか，その当然性の程度も考慮に入れる必要があります。

■表現

〈表現例〉

・**くれる（くださる）を使った表現例**
　　「書いてくれる？」「書いてくれない？」
　　「書いてくれますか。」「書いてくれませんか。」
　　「書いてくださいますか。」「書いてくださいませんか。」
　　「お書きくださいます（でしょう）か。」
　　「お書きくださいません（でしょう）か。」

・**もらう（いただく）を使った表現例**
　　「書いてもらえる？」「書いてもらえない？」
　　「書いてもらえますか。」「書いてもらえませんか。」
　　「書いていただけますか。」「書いていただけませんか。」

「お書きいただけます（でしょう）か。」
「お書きいただけません（でしょう）か。」
・その他の表現例
「書いていただけますと幸いです。」
「書いていただけますよう，お願い申し上げます。」
「書いていただけるとありがたいです。」
「書いていただけると，助かります。」

〈表現のポイント〉
・恩恵表現
　典型的な依頼表現には，「くれる」「もらう」といった恩恵表現が使われます。敬語になると，恩恵直接尊重語，恩恵間接尊重語（⇒ P.22, 27）が使われます。こうした恩恵表現を使うことで，依頼しながら感謝の気持ちを表すことが可能になります。
　また，恩恵表現以外にも，利益・恩恵を表すためには，「書いていただけると本当にありがたく存じます。」「書いていただけると助かります。」などというような表現もあります。

・願望表現
　依頼表現として「書いていただき<u>たいんですが</u>…」といった，願望を表すような言い方もよく使われます。実際には，「書いていただけますか」という直接的な依頼表現よりも間接的になるため，当然性（⇒ P.100）が低い依頼のときにはより効果的です。
　また，「書いてほしいんですが…」という願望を表す言い方もありますが，「ほしい」はより直接的な表現であるため，丁寧さは低くなります。

・表現間の丁寧さの違い
「～てくれますか（くださいますか）」と「～てもらえますか（いただけませんか）」
　「書いてくれますか（くださいますか）」と「書いてもらえますか（いただけますか）」は，丁寧さの原理（⇒ P.97）からすれば，「書いてもらえま

依頼　107

すか（いただけますか）」のほうがより丁寧だということができます。「書いてくれますか（くださいますか）」が，行動＝相手であるのに対して，「書いてもらえますか（いただけますか）」は，言葉の上で，行動＝自分にしているからです。その点で，行動＝自分が丁寧だ，という丁寧さの原理に合っていると言えます。

「～てもらえますか(いただけますか)」と「～てもらえませんか(いただけませんか)」

　「書いてもらえますか（いただけますか）」より「書いてもらえませんか（いただけませんか）」と否定の形式で問いかけるほうが，より丁寧な依頼になります。書いてもらえないことを前提とした問いかけにすることによって，依頼内容が実現する当然性が低いと認識している，ということを示すことになるからです。表現形式の上で「断られる可能性が高い」と考えていることを示しているわけです。

■コミュニケーション
〈展開例〉
会話

(A：依頼する人，B：依頼される人)

前置き	A：今，よろしいですか。
	B：はい。
話の目的を伝える	A：ちょっとお願いしたいことがあるんですが。
	B：はあ，どういうことでしょうか。
依頼と事情説明	A：お忙しいところすみませんが，実は【事情】んですが，～てもらえませんか。
	B：あ，いいですよ。
お礼と今後について	A：ありがとうございました。では，またご連絡いたします。
	B：はい，わかりました
終了	A：それでは，よろしくお願いします。

文章

前置き	いつもお世話になっております。
話の目的を伝える	実はお願いしたいことがありましてご連絡いたしました。
依頼と事情説明	【事情】んですが，〜ていただけませんか。
検討をお願いする	お忙しいところ恐縮ですが，ご検討いただけるとありがたいです。
終了	どうぞよろしくお願いいたします。

〈コミュニケーション例〉

例1）友人に
友人1：土曜日に会う約束してたけどさ，悪いんだけど，日曜日にしてもらえないかな。
友人2：いいよ，わかった。

例2）レストランで
客　：すみません，ライスの量，ちょっと減らしてもらえませんか。
店員：はい，少々お待ちください。

例3）デパートで
客　：すみません，この品物は配送でお願いしたいんですが。
店員：はい，それでは，こちらにお届け先のご住所をご記入いただけますか。

例4）取引先と（電話）
A社の会社員：それでは，今週中にお見積りをお送りしますので，ご検討いただけますでしょうか。
B社の会社員：わかりました。じゃ，よろしくお願いします。

例5）客がリフォーム会社に見積書を依頼する（メール文）

> （株）○○リフォーム営業部
> ＊＊さま
>
> Ａマンションの△△です。
> このたびは，リフォームの件で，お世話になっております。
>
> 先週金曜日に業者の方がリフォーム予定の部屋を見て行かれましたが，金額等，至急検討したいので，見積書を早めにメールでお送りいただけませんでしょうか。あるいは，いつ頃見積書を送っていただけるか，お知らせいただけると助かります。
>
> よろしくお願いいたします。

〈コミュニケーションのポイント〉

・前置き表現

　依頼表現は，自分のために相手に動いてもらおうとするものなので，相手に負担や迷惑がかかることに対する配慮を示す必要があります。したがって，次のような謝罪の前置き表現が効果的です。

　　相手レベル・＋1…恐れ入りますが／申し訳ございませんが　等
　　相手レベル・0 　…すみませんが／申し訳ありませんが／悪いんですけど　等
　　相手レベル・－1…悪いけど／すまないが　等

・理由説明・事情説明

　自分のために相手に動いてもらうことの当然性を明らかにしなければなりません。どうしてこのような依頼をするのか，なぜその相手にお願いするのか，という理由や事情を説明する必要があります。特に当然性が低い場合は，相手が納得しやすいように，十分に説明する必要があります。一

方，当然性が高い場合，相手が十分に納得できるようであれば，理由説明を省いたり，軽くしたりと調整します。

・交渉

依頼しても，相手がすぐに受諾してくれるとは限りません。相手に受諾の意思があっても，条件が合わなくて，そのまま引き受けられないこともあります。その場合は，交渉に入ります。

依頼における交渉は，お互いの情報交換によって条件を調整し，依頼内容を実行可能にすることが目的です。調整される条件とは，例えば，行動する日時や場所，何をするか，だれがするか，といったことです。

依頼を受諾する

■丁寧さの構造

> 行動＝自分
> 決定権＝自分
> 利益・恩恵＝相手

依頼を受けた人が，その依頼を引き受ける，受諾する場合は，自分が行動することによって相手に利益がある点で，丁寧さがあります。ただ，決定権が自分にあるので，それを強調しすぎない表現の工夫が必要です。

■表現

〈表現例〉

・応答タイプの表現例

「うん。」「はい。」

・理解を示す表現例

「わかった。」「わかりました。」

「OK。」「了解。」「了解しました。」「了解いたしました。」

・許可を与える表現例
　「いいよ。」「いいですよ。」「結構ですよ。」

〈表現のポイント〉
・許可を与える表現が使える場合
　依頼された人が，実際に何らかの決定権を持つ立場にいる場合は，「いいですよ（結構ですよ）」という許可を与える表現を選ぶことができます。しかし，依頼された人が，実際には決定権を持っていない場合は，「いいですよ」という許可を与える表現ではなく，理解を表す表現，例えば「はい」や「わかりました」などの表現に言い換えると丁寧になるでしょう。

依頼を断る

■丁寧さの構造　　×はそれが実現しないことを表す

> 行動＝自分×
> 決定権＝自分
> 利益・恩恵＝相手×

　例えば，「書いてくださいますか」と頼まれて，それを断るというのは，自分は，相手の期待通りに書くことができないと自分が決めて，結果として相手には利益・恩恵が与えられない，ということになります。コミュニケーションを通して丁寧さを保つには，こうした数々のマイナス点を補う必要があります。

■表現
〈表現例〉
・断る理由を述べる表現例
　「明日はアルバイトがあるんだよね。」
　「明日はちょっと用事がありまして。」

「明日は出張が入っておりまして。」
・行動するのが難しいことを述べる表現例
　「明日は無理だなあ。」「明日はちょっと難しいですね。」
　「明日はちょっと…。」
・できないことを直接述べる表現例
　「やだよ。」「それはできません。」

〈表現のポイント〉
・理由説明（事情説明）
　自分が相手の期待通りに動けないことを納得してもらうためには，動けない理由を，相手が納得するように述べることが必要になります。ですから，丁寧さを考えると，断る理由を述べる表現がそのまま断り表現になりやすくなります。「できません」や「無理です」といった，直接的な断り表現もありますが，相手ができないことを十分納得しているかどうか，コミュニケーションの場面をよく考えて使う必要があります。

■コミュニケーション
〈展開例〉
会話

（A＝依頼者，B＝依頼される者）

（依頼と事情説明）	A：実は，来週の月曜日，【事情】〜んですが，〜てもらえませんか。
断り［＝事情説明］	B：すみません，その日はちょっと用事が入っておりまして…。
代案	来週でしたら大丈夫なんですが。
（交渉開始）	A：そうなんですか。来週は何曜日がよろしいですか。
交渉	B：そうですね。火曜日はいかがでしょうか。

（成立） 終了・成立の場合	A：そうですか。じゃ，来週の火曜日にお願いできますか。詳細はまたあとでご連絡します。 B：はい，わかりました。じゃ，よろしくお願いします。
（不成立） 終了・不成立の場合	A：火曜日ですと，私のほうの用事が入ってますね。来週はちょっと無理ですね。 B：残念ですが…。ご都合がつきましたら，ご連絡ください。

文章

前置き	いつもお世話になっております。
話の目的を伝える	先日のご依頼の件ですが，
断りと事情説明	予定を調整してみたのですが，やはりその日の予定をずらすことができませんでした。
代案の提示	来週でしたら，もう少し都合がつけやすいので，よろしければ来週で，再度ご検討いただけますでしょうか。
終了	ご期待に沿えず，申し訳ありません。今後ともよろしくお願いいたします。

〈コミュニケーション例〉

例1）友達の依頼を断る

　　友達1：財布忘れちゃった。悪いけど，2000円貸してくれない？
　　友達2：あ，ごめん。給料日前で，私も今，全然お金ないんだ。

例2）店内で

　　客　：タバコが吸いたいんだけど，喫煙席はありますか。
　　店員：申し訳ございません。当店は，全席禁煙になっておりまして…。

例3）上司に

上司：〜さん，明日，1時からB社のことで打ち合わせをしようと思うんだけど，時間取れるかな。
部下：明日の1時ですか，あ，申し訳ありません。明日の午後はA社との打ち合わせが入っているんですが…。
上司：ああ，そうか。じゃ，あさっての1時だったら大丈夫かな。
部下：はい，大丈夫です。

例4）知り合いに（メール文）

○○さん

△△です。
いつもお世話になっております。
ご依頼の件ですが，大変申し訳ないのですが，この1，2か月は年度末に向かって仕事が大変忙しく，なかなか他のことができない状況です。
私も大変興味があることなので，本来はぜひご協力したいのですが，たまたま今の時期は時間的に難しく，申し訳ありません。事情をお汲み取りいただけるとありがたく思います。

どうぞよろしくお願いいたします。

例5）先生に（メール文）

○○先生

「＊＊」を受講しております△△です。
昨日お尋ねした件ですが，友達何人かに聞いてみたところ，今の時期，期末テストの準備でみんな忙しく，時間がなかなか取れないということでした。

依頼　115

> 時期をずらせばお願いすることもできるかもしれませんので，よろしければ，もう一度，時期についてご検討いただけますでしょうか。
>
> 今回は，ご期待に沿えず，申し訳ありませんでした。また何かお手伝いできることがありましたら，いつでもご連絡ください。
>
> どうぞよろしくお願いいたします。

〈コミュニケーションのポイント〉

・お詫び

　依頼を断ることが断る側にとっても負担になるのは，特に相手への利益・恩恵を打ち消すことになるからだと考えられます。したがって，依頼を断るときには，そうした意識（きもち）にもきちんと触れ，お詫びをすることが必要になってきます。

　相手レベル・＋1の場合は，「大変申し訳ありませんが，～」，「できれば，ご期待に添えるようにしたいのですが，～」といった表現があります。また，たとえ親しい友人であっても，「ごめん」，「申し訳ないんだけど」などと，相手への利益・恩恵をなくすつもりはなく，そうなってしまうことについて申し訳なく思っている，という気持ちを伝えることが大切です。

・理由説明（事情説明）

　相手が納得するように，自分が行動できない理由について説明する必要があります。

　　「私は行きたくないんだけど，親にどうしてもって頼まれちゃって，」
　　「私などにはとてもつとまらないかと思いますので，…」
　　「私には荷の重いことですので，…」
　　「今はまったく余裕がないものですから，…」

などと，「したくない」のではなく，自分の能力や状況が行動することを許さないのだ，というような言い方がよく使われます。

・代案提示と交渉

　状況によっては，今はできないが別の機会には可能である，私はできないがあの人に頼むことができる，などといった代案を提示することによって，断りによって失う相手に対する利益・恩恵を取り戻そうとすることもできます。代案は，行動できない原因を補足する内容になるのが普通です。状況に合わせて次のようにいろいろな用件についてお互いに代案を出し，行動が可能になるように交渉を進めます。

　　例）時間「1時はどう？」「来週だったらできるんだけど。」
　　例）場所「うちでやるのはどうですか。」「レストランはどうですか。」
　　例）内容「全部は無理だから，今回はその一部にしませんか。」

・どうしても断りたい場合

　どうしても断りたい場合は，親しい人間関係だったら，「いやだ」「したくない」等と率直に自分の気持ちを述べてもよいかもしれません。相手が相手レベル・+1だったり，相手に迷惑をかけたくない，申し訳ない気持ちがあるのであれば，丁寧さを保ちつつ断る方法があります。代案がこれ以上出ないような情報や断りの理由を意図的に提示し，交渉を自然にストップさせる方法です。この表現方法だと，自然と相手も依頼が続けにくくなり，断りが話の流れの中で成立します。例えば，その日は郷里から親が来るので案内しなければならない，結婚式に出席しなければならない，出張する，仕事が山場だ，といった「唯一の出来事」や，体の調子が悪いといった「体調の問題」等が，断りの理由としてあげられます。

・人間関係の継続

　断りによって今後の人間関係が損なわれないように，会話の最後や文末に「また何かありましたら，ご連絡ください。」や「今後ともよろしくお願いいたします。」といった人間関係を継続させるような表現を入れることがあります。

誘い

誘う／誘いを受諾する／誘いを断る／誘いを断られる

誘う

■丁寧さの構造

> 行動＝自分と相手
> 決定権＝相手
> 利益・恩恵＝自分と相手

　誘いは，相手と自分の両者が行動し，両方に利益があると認識している表現です。適切に誘うためには，まず，両者が行動できるかどうか，その行動によって両者に利益があるかどうかを考えることが必要です。

■表現

〈表現例〉

・「～(よ)う」を使った表現例
　「(一緒に) 行こうよ。」「(一緒に) 行ってみようよ。」
　「(一緒に) 行きましょうよ。」

・「～ない」を使った表現例
　「(一緒に) 行かない？」「(一緒に) 行ってみない？」
　「(一緒に) 行きませんか。」「(一緒に) いらっしゃいませんか。」
　「よかったら，(一緒に) 行ってみませんか。」

・「どう」を使った表現例
　「～さんも (一緒に) どう？」「～さんもぜひ (ご一緒に)。」
　「～さんも (一緒に) どうですか。」
　「～さんも (ご一緒に) いかがですか。」

・利益・恩恵を強調した表現例
　「一緒に行ってくれるとうれしいんだけど。」
　「先輩に来てもらえると，みんな喜ぶと思うんです。」
　「ご一緒くださるとありがたいのですが。」
・相手レベル・＋1の相手への表現例
　「ご都合がよろしければ，先生も来ていただけませんか。」（依頼表現）

〈表現のポイント〉
・一緒に行動する当然性が高い場合
　一緒に行動することが当然だと強く感じられる場合は，当然性が高いので，「行こうよ。」「行きましょうよ。」と，意向をはっきり表す表現が使えます。相手の気持ちや関心がまだよくわからない場合は，「行かない？」「行きませんか。」と質問し，相手の決定権を強調する表現方法が適切です。
　また，「行ってみない？」「行ってみませんか。」のように，ちょっと経験してみることを提案し，相手の負担を減らす表現方法もあります。

・利益・恩恵を強調する場合
　丁寧さの原理（⇒ P.97）に基づき，一緒に行動することで誘った人に利益・恩恵があることを強く表現すると，さらに丁寧さが高く感じられることがあります。例えば，「くれる」「もらう」といった恩恵表現を使いながら，「行ってくれるとうれしいんだけど」「行ってもらえるとありがたいんだけど」といった気持ちを述べる表現方法があります。

・一緒に行動する当然性が低い場合
　一緒に行動する当然性が低い場合とは，まず，相手がその行動には全く関心も関係もない場合があげられます。また，相手レベル・＋1（⇒ P.5）に対しては，社会的な上下関係または役割関係として，一緒に行動できるのかどうか，ということが問題になります。
　このように，一緒に行動することの当然性が低い場合は，「行かない？」や「もしご都合がよろしければ，いらっしゃいませんか。」という誘い表

現があまり適切ではない場合があります。「もしよかったら，来てくれない？」や「もしご都合がよろしければ，来ていただけませんか。」という「あたかも依頼表現」(⇒ P.99)に変え，自分に返る利益・恩恵を強調することで，丁寧に相手を行動に促すことができるでしょう。

■コミュニケーション
〈展開例〉
会話

(A＝誘う人，B＝誘われる者)

前置き	A：今よろしいですか。
	B：はい。
話の目的を伝える	A：あの，来週なんですが。
誘いと事情説明	実は【事情】んですが，〜さんもいらっしゃいませんか。
(相手受諾)	B：あ，楽しそうですね。私でよかったら，ぜひ参加させてください。
お礼と今後について	A：ありがとうございます。では，また連絡します。
	B：わかりました。じゃ，よろしくお願いします。
終了	A：こちらこそよろしくお願いします。

文章

前置き	いつもお世話になっています。
話の目的を伝える	実は，お誘いしたいことがありましてご連絡しました。
誘いと事情説明	【事情】なんですが，〜さんもいっしょにいらっしゃいませんか。
検討をお願いする	お忙しいと思いますが，ぜひご検討いただけるとありがたく思います。
終了	どうぞよろしくお願いします。

〈コミュニケーション例〉

例1）友達に

友達1：明日，授業終わったら，映画見に行かない？「＊＊＊」っていう映画，見たいって言ってなかったっけ？先週から始まってるみたいだよ。

友達2：見たい，見たい。明日，いいよ。

例2）知り合いに（「知り合い2」はランニングに興味があるが，サークルには入っていない）

知り合い1：今度，私が入っているランニング・サークルの有志で飲み会をするんだけど，よかったら○○さんも来ませんか。

知り合い2：え，私が行ってもいいんですか。

知り合い1：もちろん大丈夫ですよ。友達の参加も歓迎なんです。

知り合い2：そうなんですか。

知り合い1：○○さんも最近ランニングに興味があるっておっしゃってたから…。

知り合い2：ええ。

知り合い1：ランニングの話もいろいろ聞けるし，メンバーも結構おもしろい人たちなんですよ。

知り合い2：そうですか。楽しそうですね。

知り合い1：よかったら，ぜひ。

知り合い2：じゃあ，お言葉に甘えて，顔を出させてもらおうかな。

知り合い1：よかった，じゃ，幹事に連絡しておきますね。

例3）学生が先生に

学生：先生，今よろしいですか。

先生：はい，何でしょう。

学生：あの，来週金曜日の期末テストの後，クラスのみんなで打ち上げをしようと計画しているんですが，

先生：ああ，そうなんですか。

学生：それで，先生にも，ぜひご出席いただければと思ったのですが，

　　　　　ご都合はいかがでしょうか。
　先生：来週の金曜日ですか…。うん，大丈夫だと思いますよ。
　学生：あ，よかった。ありがとうございます。では，また場所と時間
　　　　　が決まったら，ご連絡します。
　先生：はい，よろしく。
　学生：ありがとうございました。失礼します。

〈コミュニケーションのポイント〉
・相手が返事に迷っているとき
　相手が遠慮したり，戸惑ったりして，返事に困っているときは，「行きましょう。」と誘い表現を続けるよりは，相手の置かれている状況を考えながら，当然性を高める表現の工夫をしたほうが適切でしょう。
　相手が「どうして私が誘われたのかわからない」と戸惑っているようだったら，誘った理由を納得がいくように述べると，当然性が上がって受諾しやすくなります。相手の興味との関連を強調したり，相手が来てくれると，誘った自分（たち）に利益・恩恵が返ることを表現したりするのも効果があるでしょう。「先輩が来てくだされば，みんな喜びます。／みんなも楽しみにしているんですよ。」などと誘われれば，相手は簡単には断りにくくなるはずです。
　また，相手が何らかの理由で本当に行きたくない，行くことができないという状況がわかれば，こちら側から「そうですか，じゃあ，今回は残念だけど。」と誘いを中止する配慮も必要です。

誘いを受諾する

■丁寧さの構造

> 行動＝自分と相手
> 決定権＝自分
> 利益・恩恵＝自分と相手

■表現

〈表現例〉

・受諾の表現例

「いいよ。」「いいですよ。」
「お願いします。」「連れて行ってください。」
「(私でよかったら,)ぜひ参加させてください。」

・感謝を表す表現例

「誘ってくれて,うれしい。」「誘ってくれて,ありがとう。」
「このたびはお誘いいただき,心より感謝しております。」

・興味を表す表現例

「いいね。」「いいですね。」
「おもしろそう。」「おもしろそうですね。」
「行ってみたい。」「ぜひ行ってみたいです。」
「大変興味深いお話をありがとうございます。」

・確認の表現例

「私が行ってもいいの?」「私が行っても大丈夫ですか。」
「興味はあるんですが,もう少しお話を伺ってもよろしいですか。」

〈表現のポイント〉

・「いいですよ」の使い方

　受諾の表現として,「いいよ。」「いいですよ。」がありますが,これらは許可を与える表現(⇒ P.132)になるので,友人など,許可を与えても問題のない人間関係であることを確認して使用したほうがいいでしょう。

　「いいですよ。」が使いにくい場合は,「誘ってくれてありがとう。」などのお礼の表現が広く使えます。また,自分から特に行きたい場合や,相手が相手レベル・＋1などの場合は,こちらから「ぜひ行かせてください。」「連れて行ってください。」等とお願いする表現方法もあります。

・感謝・興味・嬉しさを表す

　誘われたときの表現としては,誘ってくれたことへの感謝,誘いの内容

に関する興味・関心，相手と行動が共にできることの嬉しさ・喜びなどが表せると，よりよいコミュニケーションになるでしょう。

誘いを断る

■丁寧さの構造　　×はそれが実現しないことを表す

> 行動＝自分[×]と相手[×]
> 決定権＝自分
> 利益・恩恵＝自分[×]と相手[×]

　誘いを断ることは，自分は行動しないことを自分が「決定」し，そのことによって相手が受けるはずの利益・恩恵を妨げてしまう行為です。その点において丁寧さは低い表現なので，特に，相手に返らなくなった利益・恩恵を補足するように表現する必要があります。

■表現
〈表現例〉
・お詫び・残念な気持ち
　「ごめん。」「ごめんなさい。」「すみません。」「申し訳ありません。」
　「せっかく誘ってくださったのに，申し訳ありません。」
　「ご一緒できなくて，残念です。」
・次の機会を提案する
　「明日はどう？」「明日はどうですか。」
　「また次の機会があったら，ぜひ誘ってください。」

〈表現のポイント〉
　相手が受け取れなくなった利益・恩恵を補足するように表現としては，お詫びをする，次の機会を提案する，といったものがあります。

■コミュニケーション

〈展開例〉

会話

（A＝誘う人，B＝誘われる人）

前置き	A：今よろしいですか。
	B：はい。
（誘いと事情説明）	A：あの，Bさん，〜に興味がありましたよね。来週の月曜日に〜があるんですが，いっしょに行きませんか。
断り［＝事情説明］	B：へえ，おもしろそう…。でも，すみません，その日はちょっと用事が入ってまして…。
代案	来週でしたら大丈夫なんですが。
交渉	A：そうですか。じゃ，今回は残念ですね。
終了	B：残念ですが…。またぜひ誘ってください。

文章

前置き	いつもお世話になっています。
話の目的を伝える	先日伺った〜の件なのですが，
断りと事情説明	実は，ちょうどその日は【事情】がありまして，残念ですが，ご一緒できないのです。
お詫びと次の機会の提案	せっかく誘ってくださったのに，申し訳ありません。大変興味のあるお話なので，また，同じような機会がありましたら，ぜひ誘ってください。
終了	取り急ぎ，お返事までにて失礼いたします。

誘い

〈コミュニケーション例〉

例1）友達に
友達1：今日，お茶して帰らない？
友達2：ごめん，今日，夜まで英語のクラスがあるんだ。明日でもいい？
友達1：いいよ。ちょっといいお店見つけたんだ。
友達2：わかった。明日ね。

例2）知り合いの誘いを断る（メール文）

○○さん

△△です。
飲み会へのお誘い，ありがとうございました。

ひさしぶりにぜひみんなに会いたいのですが，実はその日にちょうど出張が入ってしまっていて，参加できないのです。とても残念です。

また何か集まりがあったら，ぜひ誘ってください！
みんなにも，よろしくお伝えください。

例3）メール文　（　）は相手レベル＋1の場合の表現例

私にまでお声をかけてくださってありがとうございます。せっかく誘っていただいた（お誘いいただいた）のですが，行けなくて申し訳ありません。（伺えずに申し訳ございません。）来月になれば時間ができる（多少は余裕ができるか）と思いますので，今度また誘ってくださいね。（次の機会にお誘いいただければ嬉しく存じます。）

〈コミュニケーションのポイント〉

　誘いを断るときには，相手と行動を共にしたくないのではない，自分の都合が悪いだけだ，誘いの内容には興味がある，今後の関係は維持したいのでまた誘ってほしい，といったことを表現していくと，丁寧な印象が生まれます。例1から例3のように，感謝やお詫び，代案の提示，次の可能性など，表現を重ねることで，断りを和らげることができるでしょう。

誘いを断られる

■丁寧さの構造　　×はそれが実現しないことを表す

> 行動＝相手×と自分×
> 決定権＝相手
> 利益・恩恵＝相手×と自分×

　誘いを断られる場合は，相手が行動しないことを，相手が「決定」し，自分には利益・恩恵もない，という状況になります。

■表現

〈表現例〉

・残念な気持ち・人間関係の継続

　例）そうですか。残念ですね。またお誘いしますので，そのときには，ぜひ，よろしくお願いします。

〈表現のポイント〉

　相手を誘って断られたときは，実は相手側が丁寧さの構造を損ねているので，相手側も恐縮していることが予想できます。ですから，恐縮している相手に対して，無理はしなくていい，次の機会を楽しみにしている，断らせてしまいかえって嫌な思いをさせて申し訳ないなどといった内容（なかみ）を持った表現をすることで，相手への配慮が示せるでしょう。

誘い　127

許可

許可を求める／許可を与える／許可を与えない

許可を求める

■丁寧さの構造

> 行動＝自分
> 決定権＝相手
> 利益・恩恵＝自分

　許可を求める表現は，丁寧さの原理（⇒ P.97）として，最も丁寧な構造を持っています。行動するのは自分で，それを決めるのは相手，さらに，その行動によって利益・恩恵が返るのは自分だからです。高い丁寧さの構造があるため，多くの場面（場・人間関係）に応用されやすい表現です。

■表現

〈表現例〉

・「いい」を使った表現例

　「休んでもいい（かな）？」「休んでもいいですか。」「休んでもいいでしょうか。」
　「休んでも大丈夫ですか。」
　「これでいい？」「これでいいでしょうか。」「これで大丈夫ですか。」
　「休んでもよろしいですか。」「休んでもよろしいでしょうか。」
　「休ませてもらってもいいですか。」
　「休んでもかまわない（かな）？」「休んでもかまいませんか。」
　「ここ，いいですか。」「ここ，よろしいですか。」

・「可能」に関する表現を使った表現例
　　「休ませてもらえませんか。」
　　「明日っていうのは可能ですか。」「来週は可能でしょうか。」
　　「館内に飲み物を持ち込めますか。」（動詞の可能形）
・その他の表現例
　　「明日，休ませてもらうわけにはいきませんか。」
　　「明日，休ませてもらえるとうれしいんですが。」

〈表現のポイント〉
・社会的な「管理者」に対して
　許可求めの表現は，社会的な役割として許可を与える決定権（この場合は権限）を持つ人に対して使われます。
　例えば施設利用者が施設管理者に対して，「1時からこの部屋を使ってもいいですか。」と許可を求めたり，学生が先生に対して，「今日，宿題をうちに忘れてしまいました。明日提出してもいいですか。」と許可を求めたり，また，部下が上司に「9月1週目に夏休みをとってもいいですか。」とお願いしたりするような場面（場・人間関係）です。

・何かを「管理・所有」している人に対して
　社会的に管理者の役割にある人に対してだけでなく，何かの管理者・所有者に対して，許可を求める表現を使うことがあります。何かを管理している，所有している，という認識がお互いにあれば，友達や同僚に対して許可を求めることもあるわけです。
　例えば，友達の持ち物である電卓を借りたいとき，「ねえ，電卓，使ってもいい？」と使用の許可を求めることがあります。また，仕事内容の確認を同僚にする場合でも，「この書類，これでいい？」と許可を求める表現を使ったりします。
　友達や同僚に対して許可を求める表現を使うのは，相手が持っている決定権を強調することで配慮を示しているのだと考えられます。

■コミュニケーション

〈展開例〉

会話

　　　　　　　　　　（A＝許可を求める人，B＝許可をする人（管理者））

前置き	A：あの，すみません。
	B：はい。
許可求め＋事情説明	A：あのー，書く物を忘れてしまったんですが，お借りしてもよろしいでしょうか。
許可与え	B：はい，どうぞ。
お礼	A：ありがとうございます。

文章

前置き	いつもお世話になっております。教室使用の件で，ご連絡いたしました。
許可求め＋事情説明	6月10日の13時から16時まで，△△研究会で201教室を使用したいのですが，可能でしょうか。
今後のお願い	ご手配いただけますよう，よろしくお願いいたします。

〈コミュニケーション例〉

例1) 友達に（友達の辞書を借りる場面）
　友達1：ねえ，辞書忘れちゃった。ちょっと貸してくれない？
　友達2：いいよ。

例2) 先生に
　学　生：すみません。明日急な用ができてゼミを欠席したいのですが。
　先　生：そうですか。わかりました。

例3）同僚に
同僚1：すみません，頼まれたグラフ作ってみたんですけど，これでいいですか。
同僚2：あ，忙しいところすみません。ああ，見やすくできてますね。ありがとうございました。

例4）事務所で（奨学金の書類を提出する場面）
学生：すみません，奨学金の書類を持ってきたんですが。
職員：はい，ちょっと見せてもらえますか。
学生：はい。これです。
職員：あ，ここ，印が押してないですね。今日，印鑑，持ってますか。
学生：あ，しまった。うっかりしてました。今日は印鑑持ってきてませんけど…。明日持ってきて押すということししてもらってもいいですか。
職員：じゃ，一回持って帰って，明日，また来てください。
学生：わかりました。

〈コミュニケーションのポイント〉
　実際のコミュニケーションでは，相手の許可をもらって行動する必要のない場面にも，許可求めの表現が使われることがあります。
　例えば，自由に座ることのできる会場で，空いている席の隣にいる人に，「この席，よろしいですか。」などと表現するのは，実質的な許可を求めているわけではないと言えます。空いている席の隣の人は，空いている席の管理者ではないからです。この場合は，だれか座る人がいるのか，という程度の確認です。しかし，このような場面でも，「この席，空いていますか。」ではなく，「よろしいですか。」という典型的な許可求めの表現を使うことで，丁寧さを表しているのだと考えられます。

許可を与える

■丁寧さの構造

> 行動＝相手
> 決定権＝自分
> 利益・恩恵＝相手

■表現

〈表現例〉

　　「うん。」「はい。」
　　「いいよ。」「いいですよ。」「結構ですよ。」
　　「どうぞ。」
　　「だいじょうぶですよ。」
　　「かまいませんよ。」

〈表現のポイント〉

・許可を与える立場

　「その席に座ってもいいですか。」に対して，「その席に座ってもいいですよ。」と言うためには，実際にそういう許可を与える立場にあることが必要です。もしそういう立場にないのに許可を与える表現をすると，失礼になってしまいます。「この席，よろしいでしょうか。」と言われたとき，自分が許可を与える立場にないときは，「座ってもいいですよ。」とは言えません。そのときには，相手の「座る」という行動を促すための「どうぞ。」がふさわしい表現になるわけです。

　基本的に，相手の行動を決める立場にあるときには，「（ても）いいです（よ）」が使われます。そうではないときは，「（ても）かまいません（よ）」「（ても）けっこうです（よ）」「だいじょうぶです（よ）」などが用いられます。そして，特に相手の行動を決める立場にないときは，「どうぞ」や「はい」などを選びます。

・「よろしいですよ。」

「よろしいですか。」に対して「よろしいですよ。」と返事することはできません。「よろしいですよ。」は，相手の状況が「よい」ということに用いる丁寧な表現なのであって，自分の状況が「よい」ことについて言う表現ではありません。

許可を与えない

■丁寧さの構造　　×はそれが実現しないことを表す

> 行動＝相手$^{×}$
> 決定権＝自分
> 利益・恩恵＝相手$^{×}$

許可を与えない，ということは，相手が行動することも，相手の利益・恩恵も，自分の権限によって認めない，否定するということです。

■表現
〈表現例〉

　　「だめ。」「それは，だめです。」
　　「それは，困ります。」
　　「それは，許可されていません。」
　　「それは，ご遠慮願います。」
　　「それはだめってことになってるんだ。」
　　「学外の方には貸出はできないことになっております。」
　　「貸出はいたしかねます。」
　　「それはしないでいただけますか。」

〈表現のポイント〉

　「それはだめです。」「困ります。」といった許可を与えない簡潔で直接的

な表現は，相手に非常に強い印象を与えます。こうした表現が使えるのは，社会的な役割としての管理者や責任者が，危険である，規則に反する，などの理由で，許可を与えることが決してできないような場面や，親が子どもを叱る場面，あるいは，特別に感情的な怒りなどがある場合などに限られます。

■コミュニケーション
〈展開例〉

会話

（A：許可を求める人，B：許可を与える人）

（許可求め）　A：すみません，ここでタバコ吸っても大丈夫ですか。
許可を与えない　B：あ，このビルは全面禁煙なので，すみませんが，外でお願いします。

文章

前置き	お問い合わせの件ですが，
お詫び	恐れ入りますが，
許可を与えない	当図書館は，会員以外への貸し出しを行っておりません。
次の機会への展開	ご理解，ご協力いただけますよう，よろしくお願い申し上げます。

〈コミュニケーション例〉

例1）友達に
　友達1：ねえ，この本借りていい？
　友達2：だめだよ。だって，これ，友達に借りた本だもん。

例2）コンサート会場で

客　：すみません，もう中に入れますか。
係員：大変申し訳ございません。6時までは，ご入場いただけないことになっておりますので，今しばらくロビーにてお待ちくださいますか。ご協力よろしくお願いいたします。

〈コミュニケーションのポイント〉

・お詫びする

　許可を与えないという行動を補足する上で，「すみませんが」や「申し訳ありませんが」といったお詫びを入れたほうがいいでしょう。

・規則を伝える

　許可できないことを丁寧に表現したい場合は，例えば図書館で貸し出しを許可しないこと述べるとき，「貸し出しはできません」と表現するよりは，「学外の方には貸し出しはできないことになっております。」と図書館の規則を伝えたほうが失礼がないでしょう。これは，自分が決めたことではなく，そもそも規則として決まっている，と伝えることで，決定権を明示しないことができるからです。

　さらに，直接的な1つの表現だけではなく，いろいろな表現の工夫を重ねるといいでしょう。例えば，「会場に入ってもいいですか。」という客からの「許可求め表現」に対して，会場案内係の人が「だめです。規則です。」と言ったのでは，丁寧さの上で問題が起こるでしょう。そのような場合は，例2のように，お詫び＋事情説明（規則の説明）＋お願い，という会話展開を工夫することで，丁寧さを保つことができます。

指示 　　　　　　　　　　　　　　　　指示する／禁止する

指示する

■丁寧さの構造

> 行動＝相手
> 決定権＝自分
> 利益・恩恵＝自分・相手・どちらにもない

　指示表現は，基本的に，自分のために，相手に行動させることです。ですから，相手が行動する当然性（⇒ P.100）が低いと，失礼な印象を与えやすい表現です。相手が，自分がなぜ行動するかわからないまま，動かなければならないからです。また，決定権が相手にないことも，失礼な印象を与える一因になります。

■表現

〈表現例〉

　「ここに名前を書いてください。」
　「こちらに氏名をお書きください。」
　「時間です。おやめください。」
　「2日までに提出をお願いします。」
　「次の信号を左折しなさい。」
　「次に，エンターキーを押してみましょう。」
　「明朝10時，校庭に集合。」

〈表現のポイント〉
・**指示できる役割にあるかどうか**

　指示表現をするときは，指示する人と指示される人の人間関係に注意する必要があります。指示表現が典型的に使われる人間関係は，先生が学生に「テスト用紙には名前を必ず書いてください。」と指示したり，デパートで客が店員に「これはプレゼント用に包んでください。」とお願いしたりする場合です。つまり，指示する人が指示できる役割，立場にあるかどうかを確認する必要があります。

　ただし，指示表現はやはり丁寧さが低く聞こえるため，指示できる立場の人であっても，指示表現を避けて，もっと丁寧さが高い依頼表現に回避することがあります。

　例えば，患者に指示してもいい立場の医師が，診断の場面において，指示表現ではなく依頼表現を使っていることがあります。医師が患者に対して，「もう少し包帯をしておいてください。」「しばらくはこの薬を続けてください。」と指示してもいいはずですが，「もう少し包帯は取らないでおいてもらえますか。」「しばらくはこの薬で様子を見ていただけますか。」などと依頼表現で伝えることで，患者への配慮を表していると考えられます。

禁止する

■**丁寧さの構造**　　×はそれが実現しないことを表す

> 行動＝相手×
> 決定権＝自分
> 利益・恩恵＝自分

　「してはいけません」「しないでください」といった典型的な禁止表現は，相手にとっては行動もできず，決定権もなく，利益・恩恵もない，という構造を持っているため，丁寧さが非常に低くなりやすい表現です。

■表現

〈表現例〉

「ここでタバコを吸ってはいけません。」

「隣の人と話さないでください。」

「試験が始まってからの入室はできません。」

「入室禁止」

「大声を出さないで。」

「駐車場で遊んだらダメだよ。」

「走るな。」

〈表現のポイント〉

　禁止表現は，社会的に禁止できる立場，役割にある人が使うのが基本です。施設管理者や責任者といった立場にある人です。

　社会的な立場になくて，「注意」をしたい場合は，禁止表現ではなく，指示表現（⇒ P.136）や依頼表現（⇒ P.106）を選択します。

　例えば，タバコにアレルギーのある人が禁煙車両に乗っているとき，隣に座っている知らない人がタバコを吸っていたとします。アレルギーのある人は，タバコを吸わないでほしいと強く言いたいところですが，禁止する社会的な立場にはないので，「タバコを吸ってはいけません。」と言うことはできません。この場合は，「すみません，アレルギーがあるので，タバコを吸わないでもらえますか。ここは禁煙車ですし。」というように，理由を述べながら依頼するほうが適切でしょう。

申し出　申し出る／宣言する／申し出をされる／申し出を断る

申し出る

■丁寧さの構造

> 行動＝自分
> 決定権＝相手
> 利益・恩恵＝相手

　申し出表現は，自分の行動によって相手に利益・恩恵を与えようとする点で，相手を助ける行為となります。そのため，親切な印象も与えやすいですが，場面によっては，一方的で押しつけがましい印象を与えることもある表現です。

■表現

〈表現例〉

　「その荷物，私が持とうか。」
　「その荷物，私が持ちましょうか。」
　「その荷物，私がお持ちしましょうか。」
　「持ってあげようか。」「持ってあげましょうか。」

〈表現のポイント〉

・「～ましょうか」と意向形

　丁寧な表現としては「～ましょうか。」を使う表現があります。動詞の意向形（例：行こう・見よう・しよう）を使う場合は，相手レベル（⇒P.5）が下がります。

・「あげる」を使った表現

「持ってあげようか。」「持ってあげましょうか。」「持ってさしあげましょうか。」のように,「あげる」を使った申し出表現があります。しかし,「あげる」は,利益・恩恵を相手に与える表現で,相手に対して恩着せがましい表現に聞こえる可能性があるので,注意が必要です。恩着せがましさを弱めるには,利益・恩恵を相手に与える「あげる」を避けて,場面に合わせて,「〜ましょうか」や意向形,宣言表現（⇒ P.142）にする方法があります。

ただし,親や大人が小さな子どもに対して「かばん,持ってあげようか。」と言ったり,先輩が不慣れな後輩に対して「やってあげようか。」と言うような場面では,「あげる」に,守る,庇護する,という配慮の意味が生まれ,容認されやすくなります。

■コミュニケーション

〈展開例〉

会話

（A：申し出る人）

前置き	A：あのさ,
理由を言う	その荷物,重そうだから,
申し出る	私が持とうか。

文章

前置き	来月の定例の食事会の件ですが,
理由を言う	今月は〜さんが幹事をなさったので,
申し出る	よろしければ,来月は私が幹事をいたしましょうか。
終了	ご検討ください。よろしくお願いいたします。

〈コミュニケーション例〉

例1）先輩に（パソコンの前で，困っている様子の先輩を見て）
　先輩：えー？！
　後輩：どうしたんですか。
　先輩：なんか，今，フリーズしちゃったんだけど。
　後輩：シャットダウンもできませんか。
　先輩：うん…。だめだ。えー，なんで？
　後輩：よかったら，私，見てみましょうか？実は，コンピュータ・センターのチューターやってたことがあるんですよ。
　先輩：ほんと？　じゃ，ちょっと見てくれる？

例2）先生に（教室のビデオデッキの前で困っている様子の先生を見て）
　先生：あれ？　映像が出ないなあ…。どうしてだろう。
　学生：どうしたんですか。
　先生：ビデオが見たいのに，映像が出ないんだ。動いているんだけど。
　学生：お手伝いしましょうか。
　先生：じゃ，お願い。テレビのスイッチを確認してくれる？

〈コミュニケーションのポイント〉
・相手が助けを必要としているか
　申し出のコミュニケーションの難しさは，自分と相手とで，申し出る当然性（⇒ P.100）に関する認識が違うと，お節介になってしまったり，親切ではなくなってしまったりすることにあります。したがって，そのときの場面をよく観察して，相手が申し出を求めている，助けを必要としている，ということを確認しながら，表現する必要があるでしょう。

　相手が助けを必要としていることが確実であり，しかも緊急に助けが必要そうであれば，前置きや理由を言わないで，申し出表現だけでもよいときもあるでしょう。相手の様子がまだわからないときは，どうして助けが必要と思ったのか，その理由を述べたうえで申し出るとよいでしょう。

・押しつけがましくならない配慮

　申し出表現の前に，「（私で）よかったら」「よろしかったら」というように，自分が行動することについて，押しつけがましくならないような表現の配慮をすることがあります。

宣言する

■丁寧さの構造

> 行動＝自分
> 決定権＝自分
> 利益・恩恵＝自分

■表現

〈表現例〉

　「私が持つよ。」
　「私が持ちます。」
　「私がお持ちします。」
　「持ってあげるよ。」「持ってあげますよ。」

〈表現のポイント〉

　「お荷物，お持ちします。」といった宣言表現は，申し出の表現として使われることがあります。宣言表現は，行動も決定権も利益・恩恵もすべて自分に関係しているので，自分勝手にならないように，相手が急いで助けが必要だと判断したときや，当然性（⇒ P.100）がとても高いときの使用が適切です。宣言表現の丁寧さは高くありませんが，緊急の状況や当然性の高い状況に合わせて，相手に返事をさせる負担をかけない，という配慮を示すことができる表現と言えるでしょう。
（「あげる」を使う表現についての注意点は，申し出る（⇒ P.139）を参照。）

申し出を受ける

■丁寧さの構造

> 行動＝相手
> 決定権＝自分
> 利益・恩恵＝自分

　申し出をされた側は，自分のために相手が動いてくれるということで，相手に負担をかけることになります。

■表現
〈表現例〉
・謝罪＋確認＋お礼＋依頼
　「悪いね，いいの？　ありがとう。じゃ，お願い。」
　「ごめんね。大丈夫なの？　ありがとう。じゃあ，お願いしちゃおうかな。」
　「すみません。いいんですか。ありがとうございます。それでは，お願いします。」
　「申し訳ありません。よろしいんですか。助かります。では，お言葉に甘えて，よろしくお願いします。」

〈表現のポイント〉
　申し出をされたときには，親切に申し出てくれたことへの感謝，相手に負担をかけてしまうことへのお詫びなどを表すことになります。

申し出を断る

■丁寧さの構造　　×はそれが実現しないことを表す

> 行動＝相手$^{×}$
> 決定権＝自分
> 利益・恩恵＝自分$^{×}$

　申し出を断る表現は，相手が自分のためにしてくれるはずの行動を断り，自分に対する利益・恩恵を受け付けないことになるので，丁寧さが低い表現です。

■表現
〈表現例〉
・お礼＋事情説明
　「ご親切にありがとう。でも，次の駅で降りるから大丈夫よ。」
　「ありがとうございます。でも，そんなに重くないので一人で大丈夫です。」
　「お気遣い，ありがとうございます。まず一人でやってみます。また何かがあったら，相談に乗ってください。」

〈表現のポイント〉
　申し出を断るときには，自分の状況を推測して，助けを申し出てくれたことに対して，感謝の気持ちをお礼として述べた上で，断ります。もう一度申し出てくれることがありますが，それを断るためには，「ありがとうございます。これ，見た目よりも重くないので，一人で大丈夫です。」などと，断る理由をさらに具体的に述べる必要があるでしょう。

アドバイス（勧め）

アドバイスする（勧める）
／アドバイスされる（勧められる）

アドバイスする（勧める）

■丁寧さの構造

> 行動＝相手
> 決定権＝相手
> 利益・恩恵＝相手

　アドバイス（勧め）は，行動は相手，決めるのも相手，利益・恩恵も相手，という構造を持っています。つまり，相手の行動について，直接関係のない自分が意見を言う点で，お節介で押しつけがましくなる可能性がある表現です。

■表現

〈表現例〉
　「これはどう？」「これはどうですか。」「これはいかがですか。」
　「これなんかどう？」「これなんかどうですか。」
　「これなんかいかがですか。」
　「先生に聞いてみたらどう？」「先生に聞いてみたらどうですか。」
　「電話して聞いてみるっていうのはどう？」
　「電話して聞いてみるっていうのはどうですか。」
　「もっと調べたほうがいいんじゃない？」
　「もっと調べたほうがいいんじゃないですか。」
　「赤のほうがいいと思うよ。」「赤のほうがいいと思いますよ。」
　「赤のほうがよろしいかと（存じます）。」

アドバイス（勧め）　145

〈表現のポイント〉

・アドバイスできる立場

　アドバイスするときは，自分がアドバイスできる立場にあるかどうかを考えて表現することが必要です。アドバイスできる立場にないときには，お節介で，信頼の置けない表現になってしまうおそれがあるからです。

　アドバイスできる立場とはどのような立場なのでしょうか。立場を考える点は大きく2つあります。

　まず，アドバイスする人が，アドバイスに必要な情報，知識，考えを持っているかどうか，という点です。例えば，「この辞典を使ったほうがいいですよ。」とアドバイスしたのに，実はその辞典については何も知らない，というのは，まったく相手に説得力がありません。場合によっては，根拠のない，いい加減なことを言ったということで失礼になることもあります。

　次に，相手との人間関係を考えたときに，自分がアドバイスする立場にあるかどうかです。相手レベル・+1の相手に対してアドバイスはしにくいものです。相手の専門領域についてアドバイスすることは難しいからです。相手がその領域のことをよく知っているけれども，さらに悩みがあるという場合は，相手の状況を知ったうえでアドバイスをしないと，的外れになる恐れがあります。

・評価をどう伝えるか

　何かをアドバイスするときには，自分の勧める事柄が，面白い，意味がある，役に立つ，といった評価を伝えることになります。しかし，それらは「自分にとっては良かった」ということなので，必ずしも，相手にとって良いとは限りません。相手の様子がわからないとき，押しつけがましくならないために，「この辞書，絶対いいですよ。」と評価するのを避けて，例えば「もしよかったら，この辞典を使ってみてください。」といった表現に変える工夫も考えられます。

・表現間の丁寧さの違い

「～たらどうですか。」と「～たほうがいいですよ。」では,「～たほうがいいですよ。」のほうが,質問形式ではなく,ある1つの行動に決めている点において,強いアドバイスの印象を与えます。

■コミュニケーション

〈展開例〉

会話

(A：アドバイスをもらう人,B：アドバイスする人)

事情確認　A：コンピュータを買い替えようか,迷っているんですよ。
　　　　　B：どうしたんですか。
↓　　　　A：よくわからないんですけど,1回ウィルスに感染してから,すごく調子が悪いんです。まだ買って1年ぐらいしか経ってないのに。
アドバイス　B：そうですか。それなら,修理に出して,見てもらったほうがいいんじゃないですか。
　　　　　A：そうですね。そのほうがいいかもしれませんね。

文章

(返答者は日本語教師。日本語教師になるためには大学院に進学したほうがいいかどうか,という後輩の相談のメール・手紙に返答する)

事情確認　ご相談の件ですが,
アドバイス　日本語教師といっても,いろいろなケースがあるので簡単には言えませんが,将来,大学や国際的な機関で教えたいという希望がおありになる場合は,修士の学位は取っておいたほうが有利なのではないかと思います。

〈コミュニケーション例〉
例1) 友達にアドバイスする
　　友達A：今度，○○先生の授業を取ろうかなと思うんだけど，レポートがたくさんあって大変らしいから，ちょっと迷ってるんだ。
　　友達B：確か，〜先輩が，去年取ったって言ってたよ。聞いてみたら？
　　友達A：あ，そうなの。ちょっとメールして聞いてみるね。

例2) 会社の先輩が後輩にアドバイスする
　　後輩：実は，ちょっと悩んでいまして…。
　　先輩：どうしたの。
　　後輩：例の件なんですけど，なかなかみんなの条件が合わなくて，話し合いが進まないんです。一度，仕切り直して，最初から企画自体を考えなおしたほうがいいと思ったんですけど，どうしたらいいか…。
　　先輩：本当にそう思うなら，一度，上司に相談してみたらどうだろう。早いほうがいいと思うよ。
　　後輩：そうですね。率直に相談してみたほうがいいですよね。ありがとうございました。

例3) デパートの店員が客に商品を勧める
　　店員：どういったものをお探しですか。
　　客　：肌寒いときに，ちょっとはおるものがほしいんですけど。
　　店員：それでしたら，こちらはいかがですか。レーヨンで，しわになりにくいので，丸めてかばんに入れておくこともできます。
　　客　：そう。それは便利そうね。

〈コミュニケーションのポイント〉
　押しつけがましくしないためには，自分からアドバイスを始めるのではなく，相手がアドバイスを求めてきたときに答えるようにする工夫がいり

ます。「どうしたらいいか，悩んでいるんです。／何かよいアイディアはありますか。／ご助言をお願いします。」などと言われたときにアドバイスすることで，押しつけではなく，相手の要望に応える形になります。

　また，適切なアドバイスをするためには，相手の事情を聞きながら，相手が何に困っているのか，悩んでいるのか，また，何を欲しているのかなどを理解しようと努めることも大切です。相手の状況に応じて，信頼のおける知識に基づいたアドバイスをすることが，丁寧なアドバイスにつながります。

アドバイスされる（勧められる）

■丁寧さの構造

> 行動＝自分
> 決定権＝自分
> 利益・恩恵＝自分

　アドバイスされる側は，自分が行動することを自分が決め，自分に利益・恩恵が返ることになります。

■表現
〈表現例〉
　「そうだね。」「そうですね。」
　「そうする。」「そうします。」
　「そうしてみる。」「そうしてみます。」「そうしてみることにします。」

〈表現のポイント〉
　アドバイスされたときの返答には，「そうですね。」というように，アドバイスを受け入れたことを表す表現があります。

■コミュニケーション
〈コミュニケーション例〉
例1) 友達にアドバイスされる
　　友達A：最近，疲れてよく眠れないんだ。
　　友達B：お風呂に入ってから寝るといいんじゃない。
　　友達A：うん，そうしてみる。ありがとう。

例2) 先輩にアドバイスされる
　　後輩：これはどうやって書いたらいいんでしょうか。
　　先輩：それは○○さんがよく知ってるから，聞いてみたら。
　　後輩：ありがとうございます。じゃ，すぐ聞いてみます。

例3) 先生にアドバイスされる
　　学生：ドイツ語の勉強を始めたいので，独和辞典を買いたいのですが，
　　　　　なにかお勧めのものはありますか。
　　先生：そうだなあ。△△書店の××独和辞典というのは，初学者向け
　　　　　で解説が丁寧だし，用例も豊富なので，いいと思いますよ。
　　学生：ありがとうございました。さっそく生協で見てみます。

〈コミュニケーションのポイント〉
　受け入れたことを表す返答のほかに，相手には直接関係ないことについて，親切にアドバイスしてくれたことへの感謝，お礼の気持ちを表すと，さらに丁寧な印象になるでしょう。さらに，例えば，よい辞典を紹介されたときには，「ありがとうございます。では，帰りに本屋に寄って買ってきます。」などと，アドバイスの内容を実行することへの言及などもあると，相手のアドバイスを受け入れた意味が強くなります。

話し合い　　　　　　　　　意見を言う／反対意見を言う

意見を言う

■表現
〈表現例〉
・賛成表現

「賛成。」「A 案に賛成です。」
「A 案がいいよね。」「A 案がいいと思います。」
「A 案のほうがいいと思います。」

・提案表現

「一回試してみたらどうかな。」「一回試してみたらどうでしょうか。」
「社内にもっと喫煙場所を作ったほうがいいと思います。」
「喫煙場所がもっと必要かどうか，社内アンケートを取ったらいいのではないかと思います。」
「こちらとしましては，このまま調査を継続したほうがいいのではないかと考えております。」

〈表現のポイント〉
・賛成表現（良い評価を表す表現）

　すでに出ている意見や立場について，自分が賛成の立場であることを述べる表現があります。「～に賛成です。」「私はA案が一番いいと思います。」「それはいいアイディアですね。」というような表現です。

　ただし，相手レベル・+1の相手に対して，「それはいいアイディアですね。」のような直接的な表現で評価することは，丁寧さが低くなる可能性があるので，注意が必要です。たとえ高い評価であっても，日本語では，相手レベル・+1の相手を評価すること自体が，相手に対して失礼になる

可能性があるからです。その場合は，評価の表現を避けて，「私も同じ意見です。」という同意の表現や，理解を表す「わかりました。」などに回避します。

・提案表現
　自分の意見を表す表現として，提案表現があります。例えば，「～たほうがいいと思います。」や「～たらいいのではないかと思います。」「～たらよくなると思うんですが。」というような表現です。

■コミュニケーション
〈コミュニケーション例〉
例1）クラブ（サークル）の話し合いで
　学生A：合宿所への行き方だけど，今年はバスを1台借りたらどうかな。みんなで借りれば，電車で行くより安く済むと思うんだ。
　学生B：安ければ，そのほうがいいよね。調べてみようか。

例2）仕事のミーティングで
　同僚A：Bさんのおっしゃったやり方で，一回やってみたらどうでしょうか。時間もないし，最初から完全な方法を決めるのも難しいので，やりながら改良を加えていけばいいのではないかと思います。
　同僚C：そうですね。それでいいと思います。
　同僚D：賛成です。

例3）仕事のミーティングで
　上司：今後の進め方について，何か意見はありますか。
　部下：今度の会議には，先方の営業部長にも出席していただいて，話をさらに具体的に進められればと考えております。
　上司：わかりました。その方向で調整しましょう。

〈コミュニケーションのポイント〉
・意見の論拠を明確に
　賛成意見であっても，相手に理解してもらうためには，意見を支える論拠やアイディアの目的を明確に示すことが必要です。論拠や目的をわかりやすく述べる，という表現方法は，一見，論理の問題に見えますが，相手が理解できるように，納得できるように伝えるという点においては，相手への配慮の問題とも言えます。

反対意見を言う

■表現
〈表現例〉
・評価表現
　「でも，そこはちょっと遠くない？」
　「そこはちょっと遠くないですか。」
　「それはちょっと大変じゃない？」
　「実際は，ちょっと大変なんじゃないかと思います。」
　「A案は難しいかも。」「A案は難しいかもしれませんね。」
　「A案は無理そう。」「A案はちょっと無理そうじゃないですか。」

・比較表現
　「A案だったら，B案のほうがいいかな。」
　「A案もあるけど，B案という手（方法）もありますね。」

・意見表明を回避する表現
　「少し考えてもいい？」
　「もうちょっと考えさせてもらってもいいですか。」
　「少し検討させていただいてもよろしいでしょうか。」
　「少しお時間をいただけるとありがたいんですが。」

話し合い

〈表現のポイント〉
・反対表現(評価を表す表現)
　日本語の「反対です」や、「悪い」「違う」「変だ」といった評価の表現は、相手に非常に強い印象を与えるものです。強い印象を避けたい場合は、このような直接的な反対表現は避けて、「難しそう」「難しいかもしれない」と推量したり、「大変じゃない？」と共感を求めたり、「A案よりB案がある」と比較したりする表現方法があります。

・意見表明を回避する表現
　直接的な反対意見を言わない場合、意見表明そのものを回避する方法もあります。この場合、相手にとっては、反対意見の表明にも取れるし、本当に考える時間を作ってほしいという依頼にも取れるという、曖昧な結果に終わるので、場合によって、後で何らかの明確な意見表明を補う必要があるでしょう。

■コミュニケーション
〈コミュニケーション例〉
例1) 友人と
　友人A：夏休みの旅行だけど、どうする？どこにする？
　友人B：私は北海道に行ったことがないから、北海道に行ってみたい。
　友人A：北海道もいいけど、夏だし、沖縄もよくない？
　友人B：悪いけど、沖縄、去年行ったばっかりなのよ。
　友人A：そうか。でも、やっぱり、夏だから泳げるところがいいな。

例2) 会社で(送別会の幹事同士)
　同僚A：〜さんの送別会、どこにしましょうか。
　同僚B：〜さんは、イタリアンがいいかもしれない。イタリアン、お好きみたいですよ。
　同僚A：そうなんですか。前に、新宿の「アルポルト」っていう店で別の送別会をやったことがあるんですけど、わりとおいしか

　　　　ったような記憶があります。
同僚B：ああ，知ってる，知ってる。有名な店ですよね。でも，あそこ，ここからちょっと遠くないですか。
同僚A：確かに。歩いて30分ぐらいはかかったかも。
同僚B：今，忙しい時期だから，会社に近いほうが，みんな参加しやすいと思うんですよね。
同僚A：そうですね。近いところで探しましょうか。

例3）A社とB社の会議で
A社社員：A案で進めるということで，よろしいでしょうか。
B社社員：うーん。大変申し訳ありませんが，もう少し考えさせていただいてもよろしいでしょうか。私の一存では決められませんし，社内でもう一度検討させていただいて，改めてご連絡する，ということで，いかがでしょうか。

〈コミュニケーションのポイント〉
・展開の丁寧さ
　反対意見や相手とは違う意見を述べるとき，評価に関する表現に注意するだけではなく（⇒ P.72），文章や談話の展開にも配慮が必要です。
　例えば，最初から「その意見には反対です。」と述べるのではなく，まず「〜さんのお考えはよくわかりました。私はちょっと別の視点から意見を述べたいと思います。」「それはわかります。でも，〜もあると思います。」というように，いったん，相手の意見を理解したことを示してから，自分の意見を述べる方法があります。
　また，他の人の意見を引用しながら，自分の考えを述べる方法もあります。例えば，「〜さんがおっしゃったようなことはあると思うんですが，もう少し調べてみると，また違う結果が出る可能性もあると思うんです。」というように，他の人とのつながりを表しながら意見を述べることで，話し合いという共同作業をスムーズに行うことができると言えます。

話し合い

ほめ

ほめる／ほめられる

ほめる

■表現
〈表現例〉
・持っているものについて
　「それ，いいね。」「それ，いいですね。」
　「それ，かわいいね。」「それ，かっこいいね。」「それ，素敵ですね。」
　「そのセーター，いい色ですね。」「そのシャツ，素敵な色ですね。」
　「その帽子，すごく似合ってる。」「とてもよくお似合いです。」
　「センス，いいね。」「センスがいいですね。」「趣味がいいですね。」
・能力について
　「器用だね。」「器用ですね。」「走るの（が）速いね。」
　「料理，じょうずだね。」「お料理がお上手ですね。」
　「この頃，すごくじょうずになりましたね。」
　「～さんは仕事が早いんですよ。」「～さんは頭の回転が速いから。」
　「我々の期待の星ですよ。」「～さんは私たちのあこがれです。」
　「～さんにはかないません。」「さすが。」「さすが～さんですね。」
　「すごい。」「やっぱりすごいですね。」「やっぱり違いますね。」
　「～さんに頼めば，もう安心です。」

〈表現のポイント〉
・評価の対象の特色
　相手に対して直接ほめる場合は，「あなたは頭がいいですね。」のように，相手の知能をほめるよりは，相手が実際に持っているものや着ている服，運動能力や作業能力についてほめることが多いようです。

■コミュニケーション
〈コミュニケーション例〉
例1）友達に
　友達A：その帽子，似合うね。
　友達B：ありがとう。
例2）同僚に
　同僚A：Bさんに頼めば，もう安心だな。
　同僚B：あんまり安心してちゃだめだよ（笑）。
例3）先輩に
　後輩：先輩にはかないませんよ。仕事はできるし，センスはいいし。
　先輩：いや，それほどじゃないよ。
例4）上司に
　部下：課長，さすがですね。
　上司：いやいや，最近調子がいいだけだよ。

ほめられる

■表現
〈表現例〉
・感謝
　　「ありがとう。」「ありがとうございます。」「恐縮です。」
　　「そんな風に言ってもらえるとうれしいです。」
　　「～さんのおかげです。」「おかげさまで。」「励みになります。」
・謙遜
　　「そんなことないよ。」「そんなことないですよ。」
　　「いえ，とんでもないです。」「いえ，とんでもございません。」
　　「いやいや。」「たまたまさ。」「ちょっと調子がよかっただけですよ。」

〈表現のポイント〉
　ほめられた人の応答は，「ありがとう」をはじめとする感謝の表現，ま

ほめ　157

たは,「とんでもないです」をはじめとする謙遜の表現があります。

特に, 自分の能力の向上がほめられる, 励まされる場合は,「おかげさまで。」や「(あなたの励ましが, 私の)励みになります。」といった表現は丁寧さが高く聞こえるでしょう。こうした表現は, 丁寧さの原理に沿って, 相手のほめが自分にとって恩恵だ, ありがたい, ほめられてさらに自分が良くなる, といったことを表す表現だからです。

■コミュニケーション
〈コミュニケーション例〉
(⇒ P.157)

〈コミュニケーションのポイント〉
・「あたかもほめ」

ほめられた側は, ほめを, 感謝や謙遜の表現で受け取るのが基本です。ただし, 親しい関係では, ほめの行為を, 人間関係を緩和する行為, 相手と親しくなる行為としてとらえ, お互いにほめを冗談でやりとりするようなことも実際には多くあるようです。

例えば, 例2のように, 同僚Aが同僚Bと親しくなりたい気持ちでほめた場合, 同僚Bは同僚Aの親しくなりたい気持ちを受け取って,「安心してちゃだめだよ。」と表現しています。本来のほめの応答としては,「いやいや」「そんなことないよ。」などと謙遜するところですが, ここでは, 相手との距離を近付けることを目的としてほめのやりとりが行われているようです。このように, ほめの表現形式をとりながら, コミュニケーション主体が別の意図(親しくなりたいなどの意図)を持っている場合, ほめの表現はあたかも表現(⇒ P.99)の一種となります。

ただし, 日本語では, 相手に高い評価を与えすぎるとかえって失礼になりやすいように, 必要以上に相手をほめすぎるのも, 別の意図を感じさせる可能性があります。評価の表現としてのほめは, やはり注意が必要です。

苦情

苦情を言う

苦情を言う

■表現
〈表現例〉
・気持ちを述べる
　「それはちょっと困るんだけど。」「それはちょっと困るんですが。」
　「それはちょっとひどくない？」「それはちょっとひどくないですか。」
　「ちゃんと聞いておいてくれないと困ります。」
・事実を述べる
　「まだ来てないんですけど。」「まだもらってないんですが。」
　「これは私が頼んだものじゃないんですけど。」
　「うるさくて，全然，聞こえないんだけど。」
　「おつり，違ってますよ。」
・依頼する
　「ちょっと静かにしてくれない？」
　「もう少し静かにしてもらえませんか。」
　「急いでいるんで，早くお願いします。」
　「今度はもう少し早めに提出していただけますよう，お願いいたします。」
　「授業中なので，ここでおしゃべりしないでいただけませんか。」

〈表現のポイント〉
　「苦情を言う」とは，自分や自分の周りに何か不都合があったり，よくないと思う事態があって，それを改善してもらうために，その事態の管理者や責任者，関係者に働きかける行為を意味します。

苦情は，何か良くない状況を作っている（と思われる）当事者に対して働きかけるので，相手にとって不名誉こと，不利益なことを言うことになる点において，丁寧さに欠く表現になりがちです。相手が悪いのだから，この場合は失礼でもいいではないか，という考え方もあるかもしれません。しかし，苦情を言う目的は，相手を怒らせたり傷つけたりすることではなく，悪い事態を改善することにある，と考えると，相手を必要以上に感情的にさせるよりは，改善に向けた行動にすみやかに移ってもらえるような配慮を心がけたほうが得策かもしれません。

　表現上の工夫としては，特別に怒っている場合や気心の知れた親しい人間関係の場合は，困っている，よくないと思っている自分の気持ちを率直に言う方法もあります。ただし，相手が知らない人だったり，相手レベル・＋1の場合は，悪い事態を事実として伝え，そのことに本人に気づいてもらい，改善を考えてもらう，という表現方法のほうが，丁寧な印象を与えるでしょう。

　また，依頼表現が持つ丁寧さ（⇒ P.106）を生かして，相手に依頼をすることで，相手が行動を起こすと自分がありがたい，ということを表すのも，丁寧さにつながります。

■コミュニケーション

〈コミュニケーション例〉

例1）サークルの後輩に

　先輩：あの，練習に来られないときは，連絡してくれないと困るんだけど。みんな，待ってるんだよ。
　後輩：すみません。

例2）知らない人に

　住民　　：すみません，ここ，車庫の前なので，車を止めないでもらいたいんですが。
　車の持ち主：あ，すみません，気がつきませんでした。今，どかします。

例3）メールでの苦情と依頼

> (株)マイ・リフォーム　営業部
> ●●さま
>
> リフォームの件，お世話になっております。
> △△マンションの○○です。
>
> さっそくですが，先週，リフォームの見積書を送っていただくようお願いしましたが，まだ届いていないようです。
>
> 早急に金額を検討したいので，別途，メールにてお送りいただければ助かります。また，いつ頃見積書を送ってただけるか，お知らせくださいますか。
>
> よろしくお願いいたします。

〈コミュニケーションのポイント〉

　相手にとって不利益なことを言わなければならないので，相手が納得するような事態の説明や苦情の理由を伝える必要があります。

　例えば，例1は，相手の勝手な行動がグループ行動を乱していることを「(連絡がないので)みんな待ってる」ということでわかってもらおうとしています。例2は「車庫の前」に車を止めているという動かせない事実を伝えることで，相手が納得するようにしています。例3は「まだ(先週お願いした見積書が)届いていないようです。」と事実を伝えることで，用件を思い出させようとしています。

　このように，苦情は，「困る」「ひどい」と感情を伝える表現だけでなく，相手を説得し，物事を改善へ動かすコミュニケーションであると言えるでしょう。

Ⅳ. 待遇コミュニケーションに関する Q&A

> **1** 〈依頼と断り――仕事の依頼を断る〉
> 知り合いから，メールで仕事の依頼を受けました。できるだけ引き受けたいのですが，指定された時期は都合が悪くて引き受けることができません。相手との人間関係を悪くしないように断るには，返事のメール文をどのように書いたらいいでしょうか。

解説 この待遇コミュニケーションは，次のような要素を持っています。

  場・媒体　　　：仕事に関するメール
  人間関係　　　：自分と知り合い
  意識（きもち）：引き受けたいが，指定された時期は都合が悪い

　この要素をもとに，コミュニケーションの実践を考えてみましょう。
　このコミュニケーションは，依頼された人が依頼を引き受けたいという気持ちを持っていることがポイントです。その気持ちを相手に伝えるためには，まず，引き受けられない事情説明をする必要があります。そして，他の条件だったら引き受けられるかどうか，行動を可能にする条件をめぐって交渉を行う必要があるでしょう。
　以上を談話展開にすると，〈いい仕事を紹介してくれたという感謝の気持ち→引き受けられない事情説明（断り）→引き受けられる条件をめぐって交渉→すぐに引き受けられないことについてのお詫び→今後の人間関係の継続を希望する〉という展開が考えられます。例えば，次のようなメール文になるでしょう。

例)(メール文)　「←*斜体*」は主なポイント

(相手の名前)さん

(自分の名前)です。

新しいお仕事のお話,ありがとうございました。　←*お礼*
前からやりたかった仕事なので,お声をかけてもらって,うれしく感じました。　←*気持ちの表明*

ぜひお引き受けしようと思ったのですが,締め切り日を見て驚きました。実は,ちょうどその頃,別の仕事で出張が続く予定なんです。現実的に考えて,ご提案の日までに仕上げるのは難しく,無責任にお引き受けしてご迷惑をおかけしてもいけません。　←*事情説明(断り)*

できたら,締め切り日を,次の月にのばしてもらえないでしょうか。
　　　　　　　　　　　　　　　　　　　　　　　　↑*交渉*
締め切り日さえのばしてもらえれば,かねてから挑戦したいと思っていた内容でもありますので,ぜひお引き受けしたいと思っています。
　　　　　　　　　　　　　　　　　　↑*気持ちの表明*

無理を言ってすみません。　←*お詫び*
どうぞよろしくお願いします。　←*人間関係の尊重*

---

2 〈予定変更の依頼〉

今は昼休みです。今日17時に、先生と進路について相談する約束していましたが、アルバイト先の上司から急に連絡があり、「今日、アルバイトに入る予定の学生が急病になってしまって、とても困っている。急で悪いけれど、今日17時から入ってくれないか。」と依頼されました。アルバイト先の上司にもとてもお世話になっているので、協力したいと思いました。先生に電話して、相談の日時を変更してもらうには、どのように話をしたらいいでしょうか。

解説 この待遇コミュニケーションは、次のような要素を持っています。

　　　場・媒体　　：昼休み・電話
　　　人間関係　　：学生（自分）と先生
　　　意識（きもち）：アルバイト先の上司にはとてもお世話になっているので、
　　　　　　　　　　協力したい。先生に電話連絡して、約束の日時を変更し
　　　　　　　　　　てもらいたい。

この要素をもとに、コミュニケーションの実践を考えてみましょう。

このコミュニケーションの難しさは、お世話になっている先生が自分のために時間を作ってくれるのに、それをいったん断らなければならない、という点にあります。予定変更の依頼ではありますが、最初の約束は破ることになるからです。

このような予定変更のコミュニケーションは、場・人間関係によっては、相手が与えてくれる恩恵を否定してしまうので、コミュニケーション上の工夫が必要になってきます。

丁寧さを保つためには、まず、自分は恩恵を受けたい、つまり、本来は約束を変更したくないことを表現することが考えられます。例えば、緊急の状況がある、自分では変えることができない、不本意な状況にある、というように、予定を変更しなければならない事情説明をします。

また、相手から受ける恩恵を尊重することも、丁寧さを補うことになるでしょう。例えば、「申し訳ありません。進路はやっぱり迷っているので、

先生にアドバイスをいただきたいと思っています。」と，お詫びと共に，先生の恩恵を尊重する表現が考えられます。

　また，相談の日時の変更を依頼するときは，相手レベル・+1であることに配慮して，依頼表現ではなく許可求め表現（⇒P.128）を選択したほうが丁寧な印象になるでしょう。

　以上を踏まえると，次のような電話での会話が考えられます。

例）（電話での会話）　　「←*斜体*」は主なポイント

学生：先生，（所属）の（名前）ですが，
先生：ああ，こんにちは。
学生：こんにちは。先生，今，ちょっとよろしいですか。
先生：はい，
学生：今日の5時からの面談のことなんですが，
先生：はい，
学生：実は，急に，アルバイト先から電話がありまして，　←*事情説明*
先生：はあ，
学生：同僚が急病だそうで，代わりに私（僕）に入ってもらえないか
　　　ということだったんですが，　←*事情説明*
先生：うん，
学生：現場でとても困っているみたいだったので，代わってあげようと思ったのですが…。　←*事情説明(変更依頼)*
先生：そうですか。じゃあ，面談はまた後日にしましょうか。
学生：申し訳ありません。　←*お詫び*
　　　進路はやっぱり迷っているので，先生にぜひアドバイスしていただきたいと思っています。　←*恩恵の尊重*
　　　来週の同じ時間に伺ってもよろしいでしょうか。　←*許可求め*
先生：ああ，大丈夫ですよ。
学生：ありがとうございます。じゃ，また来週よろしくお願いします。
先生：はい，じゃ，また。

> **3** 〈依頼と断り——飲み会の幹事を断る〉
>
> 学期末のある日，突然，ゼミ（または，サークルやクラブ）の先輩から「今度，ゼミの飲み会の幹事やってくれない？」という依頼を受けました。今は，勉強やアルバイトでとても忙しいので，断りたいと思いましたが，お世話になっている先輩の依頼なので，断りにくい雰囲気です。今はできない，ということを，どのように話したらいいでしょうか。

解説 この待遇コミュニケーションは，次のような要素を持っています。

　　　　場・媒体　　：電話
　　　　人間関係　　：後輩（自分）と先輩
　　　　意識（きもち）：最近，勉強やアルバイトで忙しいので，面倒なことはあ
　　　　　　　　　　　まりやりたくない。

　この要素をもとに，電話で依頼を受けて，その場ですぐに答える場合を考えてみましょう。

　自分は幹事のような面倒な仕事は，今はあまりやりたくないのが本音です。また，自分が幹事になる必然性もないと思われます。電話をかけてきた先輩が，親しい後輩である自分に，たまたま声をかけてきたようです。ですから，この依頼の当然性はあまり高くないと判断していいようです。しかし，先輩はこのイベントの発案者で，親しい後輩である自分に，お手伝いを頼みたいようです。先輩が自分を頼ってくれるのはうれしいし，人間関係を壊したくありません。でも，自分の忙しい状況を考えると，なんとか，あたりさわりのないような形で，できれば断る方向に持っていきたいところです。

　このように，依頼の当然性は高くないけれども，自分の断る理由も明確だとは言えない場合，どのように断る方向に話を進めることができるでしょうか。

　断りを円滑に行う方法の1つに，行動する当然性を低くする方法があります。当然性を低くするというのは，依頼内容を必ずしも実行しなくてい

いように話を進めていく，ということです。本当に必要なことなのか，本当に私が適任なのか，本当に今しなければならないのか。こうした事実をお互いに確認していくことで，断るというよりは，依頼のほうをおのずと中断させてしまうわけです。

　この当然性を低くする断りのコミュニケーションでは，主に事情説明や情報交換が展開されるのが特徴です。事情説明や情報交換が主になると，「いやだ」「したくない」「面倒だ」といったマイナスの感情を伝えなくても，自然な流れの中で断りを達成することが可能になります。マイナスの感情を相手にぶつけなくて済む点において，丁寧さを保ちやすいと言えます。

　今回の場合も，先輩の依頼を断るので，「いやだ」「面倒だ」といったマイナスの感情をできるだけ伝えないで，当然性を低くする方法を取りたいものです。そのためには，まず，なぜ自分が頼まれたのか，引き受ける必要があるのかどうかを確認するため，相手の依頼の理由や背景を聞き出し，それに基づいてできるだけ代案を出す，といった談話展開が丁寧であると言えるでしょう。

　以上を踏まえると，次のような電話の会話例が考えられます。

例）（電話）　　「←*斜体*」は主なポイント

先輩：あ，（名前）だけど。
後輩：あ，こんにちは。
先輩：どうも。今，だいじょうぶ？
後輩：はい。なんですか。
先輩：あのさ，学期末に，クラスで飲み会をしようっていう話が出てるんだけど，幹事やってくれない？　←*依頼*
後輩：え，幹事ですか？　あの，出席とか取るやつですよね。みんなに連絡したりとか。←*情報交換*
先輩：そうそう。場所も決めて。
後輩：えーっと，学期末って，再来週ぐらいってことですか。
　　　　　　　　　　　　　　　　　　　　↑*情報交換*

先輩：そうだね。最後の授業の後とかいいんじゃないかと思ってるんだけど。
後輩：はー。先生も呼びますか。　←情報交換
先輩：そうだね。まだ聞いてないけど，みんな呼んでパーっとやろうかなって。パーっと。
後輩：はー。
先輩：あ，忙しい？
後輩：えっと，そうですね。なんか，今，期末レポートがたくさんあって，そっちで頭がいっぱいで。あーどうしようって焦ってるような状態で。　←事情説明(断り)
先輩：そうか。今はみんな忙しいよね。
後輩：そうですね。今はちょっと動けないかもしれないんですけど…。再来週になれば，ちょっとこの状況抜けられそうなんですけど，それから動いても大丈夫ですかね。　←情報交換
先輩：そうだね。最後の授業が金曜日だから，月曜日ぐらいに動いても，ぎりぎり大丈夫かな。
後輩：それだったら，ありがたいんですけど。来週の授業の後，みんなに話して，実際予約したり連絡取り始めるのは再来週から，っていうことだったら，なんとかなるかなーっていう感じなんですけど。　←代案提示
先輩：いいんじゃないかな。まかせるよ。
後輩：わかりました。じゃ，そんな感じで考えておきます。
先輩：忙しいときになんだか悪いな。でもまあ，ひとつよろしく。レポートもがんばってな。

4 〈依頼と受諾——仕事の依頼を受ける〉

私はフリーでライターの仕事をしています。先輩の紹介で，業界ではトップクラスの会社の仕事をするチャンスをもらいました。キャリアアップのいい機会なので，ぜひこの仕事を引き受けたいと思います。先輩にどのように返事の手紙を書いたらいいでしょうか。

解説 この待遇コミュニケーションは，次のような要素を持っています。

　　場・媒体　　　：手紙
　　人間関係　　　：後輩（自分）とゼミの先輩
　　意識（きもち）：キャリアアップのいい機会なので，ぜひこの仕事を引き受けたい

　この要素をもとに，先輩に書く手紙を考えてみましょう。
　この場合，相手の依頼内容は自分への利益・恩恵となる上，自分も働きたい仕事であるため，この依頼への受諾は丁寧さの原理に沿う，丁寧な行為となります。
　しかし，社会人の場合，「その仕事は私にぴったりですから，絶対やります。ありがとう。」とだけ言うわけにはいきません。受諾は丁寧な行為ですが，あまりに当然のように引き受けると，自分に利益・恩恵があって当然，自分が行動して当然，という傲慢な印象に変化してしまいます。
　仕事を得た嬉しさを表現することは自然なことですが，待遇コミュニケーションとしては，仕事を勧めてくれた先輩に対して，尊重の気持ちも同時に表したいものです。では，先輩への尊重の気持ちはどのように表せるでしょうか。
　方法としては，先輩が自分にしてくれた様々な配慮に対して感謝を表すことがあげられるでしょう。例えば，自分に合う仕事を勧めてくれたことや励ましてくれたことに，感謝を表します。また，最後に，二人の人間関係そのものも尊重したいところです
　以上のことを踏まえると，次のような手紙文が考えられます。

例）（手紙文）　　「←*斜体*」は主なポイント

> 拝啓
> 　さわやかな季節となりましたが，いかがお過ごしでいらっしゃいますでしょうか。
> 　このたびは，A社のお仕事のお話をくださいまして，本当にありがとうございました。　←*お礼*
> 　業界トップのA社のお仕事ということで，お話をいただいたときは，自分に十分務まるかどうか少し迷いましたが，先輩が自分を向上させるチャンスだと励ましてくださったおかげで，前向きに取り組む気持ちになりました。今は，私なりに，持てる力を尽くしたいと思っております。　←*感謝*
> 　また，これまで，自分の専門性が発揮できる仕事に，なかなか巡り合えなかったので，今回のお話は大変ありがたく思っております。
> 　　　　　　　　　　　　　　　　　　　　　　　　↑*感謝*
> 　これからも，いろいろ悩むところが出てくると思いますが，引き続きアドバイスなどいただけるとありがたいです。今後ともどうぞよろしくお願いいたします。　←*人間関係の尊重*
> 　先輩もお忙しい毎日を送られていると思いますが，どうぞお身体にはお気をつけてお過ごしください。
> 　まずは，御礼までにて，失礼いたします。
>
> 　　　　　　　　　　　　　　　　　　　　　　　　　　　　敬具

5 〈依頼——企業への協力依頼〉

授業の課題で,日本で働く外国籍のビジネスパーソンにアンケートをとることになりました。こちらで選択した企業の広報部に作成したアンケートを送って,回答してくれるように依頼しようと思います。どのようなメールを書いたらいいでしょうか。

解説 この待遇コミュニケーションは,次のような要素を持っています。

　　　場・媒体　　　：メール
　　　人間関係　　　：学生（自分）と企業の広報部
　　　意識（きもち）：アンケートに回答してほしい

　この要素をもとに,メール文を考えてみましょう。

　企業の広報部は,社外からの質問や要望に答えることが業務の場合もあるので,こうしたお願いの当然性（⇒ P.100）はそれほど低くないと考えられます。

　しかし,今回のお願いは,広報部から社内への依頼を含む内容なので,それなりに手間がかかるものであることは間違いありません。相手に手間を取らせることに対する配慮を示すことが必要になってくるでしょう。

　当然性を上げるためには,相手が納得するような依頼の背景,依頼した理由,依頼内容を述べる必要があります。また,企業への依頼なので,学生ではありますが,表現形式もできるだけフォーマルなものが求められるでしょう。

　以上を踏まえると,次のようなメール文が考えられます。

例）メール文　　「←斜体」は主なポイント

```
●●会社広報部
担当者様

私は，△△大学◎◎学部2年の○○と申します。
突然で恐縮ですが，お願いがあってご連絡いたしました。

私は，現在，授業の課題として，「日本の会社文化」について，調べており
ます。会社のHPを見ながら，会社の文化について分析をしています
が，やはり働いている人の視点からも，分析を進めてみたいと考えまし
た。　←依頼の背景・理由

そこで，日本で働く外国籍のビジネスパーソンに，日本の会社文化を感じ
るときはどんなときか，アンケートをとってみたいと考えました。アンケ
ートの主な内容は，「働いて感じる日本の会社文化」についてです。
　　　　　　　　　　　　　　　　　　　　　　　　↑依頼内容

作成したアンケートを添付いたします。内容をご検討いただき，もしよろ
しければ，お一人でも，お二人でも結構ですので，ご回答にご協力いただ
けませんでしょうか。　←依頼

お忙しいところ恐縮ですが，どうぞよろしくお願い申し上げます。
　　　　　　　　　　　　　　　　　　　　↑忙しさへの配慮


△△大学◎◎学部2年
○○○○
＊＊＊＠＊＊＊＊＊.＊＊.＊＊
```

6 〈依頼──仕事の同僚に〉
同僚から突然「これ,お願いします。」と書類を置いていかれた時,何だか失礼な頼み方だと感じました。何が問題だったのでしょうか。

解説 この待遇コミュニケーションは,次のような要素を持っています。

　　場・媒体　　　：会社・口頭
　　人間関係　　　：自分と同僚
　　意識(きもち)：急いでお願いしたい(依頼した側)

　この要素をもとに,コミュニケーションの実践を考えてみましょう。この場面は,依頼した側はこのお願いの当然性が高いと思っていても,お願いされた側は当然性が低いと感じた例と考えられます。このように,実際の依頼の場面では,両者の当然性の見積もりがずれることがあり,コミュニケーションが失礼と感じられる原因となるのです。

　この場合は,依頼した同僚は,「これ,お願いします。」という表現を使っています。これは,恩恵表現がないうえ,肯定文なので,相手の意向を聞いていません。依頼者がこの表現を選択した理由はわかりませんが,少なくとも,この表現は,相手に利益・恩恵がなく,決定権もない,という丁寧さの構造(⇒ P.97)を持っているので,相手に与える丁寧さの印象は低くなってしまいます。

　親しい同僚同士という人間関係で,依頼内容の当然性も高いと両者が認識していれば,丁寧さが低い表現を選択しても大丈夫ですが,この場合「失礼」と感じたのは,依頼された人は当然性が低いと感じるような依頼内容だったということになります。当然性が高いか低いかは,依頼者が依頼にあたって考えるしかありません。

　この表現を失礼だと感じない表現にするとしたら,当然性を高めるような依頼の背景や依頼した理由,依頼内容を説明し,相手が納得したら,恩恵表現を使った依頼表現(⇒ P.107)で依頼することになります。

例）口頭で 「←*斜体*」は主なポイント

同僚1：お邪魔してすみません，今，お時間いただいて大丈夫ですか。
　　　　　　　　　　　　　　　　　　　　　↑*忙しさへの配慮*
同僚2：はい，何ですか。
同僚1：あの，ちょっとお願いがあるんですが。
同僚2：はあ。
同僚1：これ，例のプロジェクトのデータをグラフにしてまとめたものなんですけど，
同僚2：ああ，これ。すごいですね。ずいぶんきれいにまとめたもんですね。お疲れ様でした。
同僚1：それで，忙しいところ悪いんですが，このページ，ミスがないか，ちょっと見てもらえませんか。　←*依頼*
　　　　あとで，会議で提出するんで，ミスがあるとちょっとまずいんです。プロジェクトのことをよく知ってる△さんにチェックしてもらえたら，安心かなと。　←*依頼の背景・理由*
同僚2：ああ，いいですよ。今ちょうど少し手があいているから，今見ちゃいますね。
同僚1：ありがとうございます。じゃあ，お願いします。
同僚2：はい。了解しました。
同僚1：それから，終わったら内線くれますか。取りに来ますんで。番号は2331です。
同僚2：わかりました。じゃ，終わったら連絡します。
同僚1：すみません。よろしくお願いします。

7 〈誘い——飲み会に先生を誘う〉

学生が飲み会を計画しています。計画の途中で，お世話になっているA先生もお誘いしようかということになりました。A先生は60歳代の先生です。メールでどのように誘ったらいいでしょうか。

解説 この待遇コミュニケーションは，次のような要素を持っています。

　　　場・媒体　　　：学校・口頭
　　　人間関係　　　：学生（自分）と先生
　　　意識（きもち）：お世話になっているA先生を誘いたい

　上位者を誘う場合は，誘い表現である「〜ませんか。」を避け，恩恵表現を含む依頼表現に変えるほうが丁寧さが高くなります。誘い表現は相手レベル・+1の人といっしょに行動する，という点が，丁寧さを下げる可能性があるからです。誘いの背景や理由も述べたほうが当然性を高めるためにはいいでしょう。

　また，行動する日時を自分が決めるのではなく，相手に決定権を渡して，相手の都合を聞くようにすると，丁寧さが高くなるでしょう。

例）メール文　　「←*斜体*」は主なポイント

○○先生

いつもお世話になっております。
＊＊クラスを受講している△△です。
このたび，学期末にあたって，クラスで打ち上げをすることになりました。
先生にもぜひご参加いただければうれしく思います。　←*誘い（依頼）*
打ち上げは，最後の授業の後に行いたいと考えていますが，先生のご都合はいかがでしょうか。　←*相手の都合を聞く*
みんな楽しみにしています。どうぞよろしくお願いいたします。

---

8 〈勧め――先輩や上司に飲み物を〉
自分の会社内で,先輩や上司とミーティングをしています。ミーティングの休憩の時間に,先輩や上司に飲み物を勧めたい場合,どのように表現したらよいでしょうか。

解説 この待遇コミュニケーションは,次のような要素を持っています。

　　　場・媒体　　　：会社・口頭
　　　人間関係　　　：部下（自分）と先輩・上司
　　　意識（きもち）：飲み物を勧めたい

この要素をもとに,コミュニケーションの実践を考えてみましょう。

この場面（場・人間関係）は,場が会社というフォーマルな場所,人間関係は,相手＝上司／自分＝部下,の関係です。

日本語のコミュニケーションでは,自分より社会的上位者の私的な領域（気持ち,感情,意思）に入ることを避ける傾向があると言われています。この場合も同様で,希望・願望表現「～たい」を使って,「課長,コーヒーがお飲みになりたいですか。」と聞くのは,丁寧さが低く感じられる可能性があるので,避けたいところです。相手の動作を敬語化しても,「～たい」が相手に与える印象は変わらないようです。

相手の願望を直接聞かない表現としては,自分が持っているものを勧めたり（例1）,相手のために自分が動くことを申し出たり（例2）,あるいは,自分や相手のことにはまったく触れないで,その場所の状況説明する（例3）表現が考えられます。

例1「課長,コーヒーはいかがですか。」（勧める）
例2「課長,コーヒー,お持ちしますか。」（申し出る＋敬語）
例3「課長,コーヒーのご用意ができておりますが…」（状況説明）

9 〈指示——メールでゼミ生に〉

私は理系の大学院生で，実験室の管理リーダーをまかされています。実験室の掃除は，ゼミ生が交代で行っていますが，最近，掃除があまりきれいに行われていないことに気がつきました。メールでゼミの学部生や院生に，掃除をきちんとするように呼びかけたいと思います。どのような文面にすれば効果があるでしょうか。

解説　この待遇コミュニケーションは，次のような要素を持っています。

　　　場・媒体　　　：学校・メール
　　　人間関係　　　：グループリーダー（自分）とグループに所属する学生たち
　　　意識（きもち）：掃除をきちんとしてほしい

　この要素をもとに，コミュニケーションの実践を考えてみましょう。

　グループのリーダーが，そのグループに所属している人たちに指示するコミュニケーションは，役割としての当然性は高いと考えられます。特に，この場合，私は大学院生で，学部生にとっては先輩にもあたるため，その点でも当然性は確保されていると言えるでしょう。

　次に考えなければならないことは，指示の内容の妥当性についてです。指示の内容が，みんなが実感できない，予想もしていなかったことである場合は，いかにリーダーの指示と言っても，簡単には受け入れることができないでしょう。相手の理解次第で，指示する背景や理由を話し，相手を説得する必要があります。

　また，当然性が高い場合は「～してください。」という指示表現（⇒P.136）でもいいですが，当然性がわからないような場合は，依頼表現（⇒P.106）に変えてもいいでしょう。

　以上のことを踏まえると，次のようなメール文が考えられます。

例）メール 　　「←*斜体*」は主なポイント

○○ゼミのみなさん

管理リーダーの△△です。
今日は，ちょっとお願いがあって，一斉メールします。

最近，実験室で作業していて感じるのですが，部屋が以前よりちょっと汚れているのではないでしょうか。
床にゴミが落ちていたり，机に溶液がこぼれたままだったり，器具がちゃんと洗ってなかったりするのが目立ちます。　←*指示の背景の説明*
皆さんはどう思いますか？

ほかの人が気持ちよく使えるように，一人一人が気をつけるべきではないでしょうか。
実験が終わったら使った人が掃除する，というのが，実験室のルールです。自分が使った場所や道具を掃除するだけでいいのだから，それほどの手間でもないはずです。
みんなの自主性にまかされているので，どうぞよろしくお願いします。
　　　　　　　　　　　　　　　　　　　　　　　↑*指示（依頼）*

ほかにも何か気がついたことがあったら，みんなで共有し，問題点があったらみんなで解決していくようにしましょう。

では，よろしくお願いします。

10 〈許可与え——ホテルの清掃員に〉

ホテルで，朝出かける準備をしていると，清掃員の人が「お掃除してもよろしいでしょうか」と尋ねてきました。掃除をしてもいい場合，どのように答えたらいいでしょうか。また，まだ困る場合には，どのように伝えたらいいでしょうか。

解説 この待遇コミュニケーションは，次のような要素を持っています。

　　　場・媒体　　　：ホテル・口頭
　　　人間関係　　　：客（自分）とホテルの清掃員
　　　意識（きもち）：掃除をしてほしい／まだ掃除してほしくない

この要素をもとに，コミュニケーションの実践を考えてみましょう。

ホテルの清掃員に対して自分が泊まった部屋の清掃をしてもらうことは，相手が清掃する業務についているため，当然性は高い行為と言えます。また，客がホテル側に清掃をお願いすることは，ホテルのサービスの範囲内の行動，ということもできるでしょう。

このような状況を考えると，掃除をお願いしてよい場合は，「いいですよ。」といった許可与え表現（⇒ P.132）を使ってもいいですし，自分のそのときの立場や，自分をどのような人物として見せたいかによって，「はい，どうぞ。」や依頼に変えて「お願いします。」と丁寧に表現することもできるでしょう。

一方，まだ掃除してほしくない場合は，許可を与えない表現（⇒ P.133）「いま，だめです。」と直接言うことも可能ではあります。しかし，自分は客であり，部屋の管理者というわけではないので，もう少し丁寧に「いまは，ちょっと…。あとでお願いできますか。」などと依頼表現にするほうが適切かもしれません。

11 〈申し出――お年寄りに〉
大きい荷物を2，3個持って，駅の構内で迷っているらしいお年寄りを見つけました。駅の係員も，まだこのお年寄りに気がつかないようです。どのホームに行ったらいいかわからないようです。手伝いをどのように申し出たらいいでしょうか。

解説 この待遇コミュニケーションは，次のような要素を持っています。

　　　場・媒体　　　：駅・口頭
　　　人間関係　　　：自分と知らないお年寄り
　　　意識（きもち）：助けてあげたい

この要素をもとに，コミュニケーションの実践を考えてみましょう。
　この場面の特徴は，相手は知らないお年寄りであること，自分はその様子を見て，大変そうだと推測している，という点にあります。つまり，相手が助けを欲しているかどうか，本当のところはわからないということです。
　申し出表現（⇒ P.139）は，相手が申し出を求めている，助けを必要としている，ということ確認しないと，相手の望んでいない行動を起こしてしまう点で注意が必要な表現です。
　以上のことから，お年寄りが助けが必要だとある程度の確信があれば，「お手伝いしましょう。」と宣言表現（⇒ P.142）で表現してもいいし，宣言するほど確信がなければ，「お手伝いしましょうか。」と相手の意向を尋ねたり，「大丈夫ですか。」「重そうなお荷物ですね。」などと，相手の状況を確認したりするのが適切になるでしょう。

> **12** 〈申し出——先輩に手伝いを申し出る〉
> 先輩の仕事でトラブルが出たようです。合同ミーティングにおける先輩や上司の話から、対応にずいぶん苦慮していることがうかがえます。その仕事は自分の専門領域でもあるので、できれば何か手伝いたいと思いました。自分の気持ちを先輩にどのように伝えたらいいでしょうか。

解説 この待遇コミュニケーションは、次のような要素を持っています。

　　　場・媒体　　　：会社・口頭
　　　人間関係　　　：後輩（自分）と先輩
　　　意識（きもち）：手伝いたい

　この要素をもとに、コミュニケーションの実践を考えてみましょう。
　所属部署の先輩や上司が困った様子を見て、自分ももっと手伝いたい、と申し出ることは、実際に手伝えるかどうかはわからなくても、良好な人間関係を築いたり維持したりしていく上で、意味があると言えるかもしれません。
　この場面では、自分がその問題の業務にどのくらい関わっているかで、申し出の表現と内容が変わってきます。
　自分と先輩や上司との人間関係が近く、自分がその仕事に関わる当然性も高ければ（例えばすでにその一部の仕事をしているなど）、「私もお手伝いします。」と積極的に宣言表現（⇒ P.142）で申し出ることができます。その仕事をする当然性がとても高く、仕事の責任すらある場合は、逆に宣言することが必要な場面もあるかもしれません。
　一方、自分が仕事に関われるかどうかわからない場合や、自分の手伝いたいという気持ちを表したいような場合は、「お手伝いしましょうか。」「何かお手伝いできることはありませんか。」のように、申し出表現（⇒ P.139）や情報の確認を行う表現方法が適切になるでしょう。

13〈アドバイス——進路に迷う友人に〉

喫茶店で友達の話を聞いています。A社とB社に内定をもらったけれど，A社に行くか，B社に行くか，就職先に悩んでいるということです。その友達は私とは違う専門なので，その友達にとって，A社がいいのかB社がいいのか，専門外の私には，はっきりわかりません。でも，仲のいい友達なので，悩んでいる友達を安心させたいと思います。こうした友達にどのようにアドバイスしたら適当でしょうか。

解説 この待遇コミュニケーションは，次のような要素を持っています。

　　　　場・媒体　　　：喫茶店・口頭
　　　　人間関係　　　：自分と友達
　　　　意識（きもち）：安心させたい

　この要素をもとに，コミュニケーションの実践を考えてみましょう。
　アドバイス（⇒ P.145）は，相手が友達であったとしても，相手の行動について意見を言う点で，お節介で無責任になりやすい点に注意が必要です。適切なアドバイスをするためには，こちらの都合だけで考えず，相手が必要としているものは何かを理解することが必要になってくるでしょう。コミュニケーションとしては，相手の事情や気持ちを確認することが重要になってきます。
　また，特に友達同士の場合は，悩みをだれかに聞いてもらいたい，という意図が先にあり，具体的なアドバイスが積極的にほしいわけではないこともあるようです。相手が，混乱している悩みを聞いてもらって問題を整理したい，という意図を持っている場合，あまり一方的なアドバイスをしても，受け入れらないこともありそうです。
　以上のことに注意すると，次のようなコミュニケーションが考えられます。

例）友達同士 　　「←*斜体*」は主なポイント

友達1：就職先，どうしようかなあ。
友達2：A社とB社で悩んでいるんだっけ？ 　→*情報の確認*
友達1：そう。まだ悩んでる。今月中に意思表示しないといけないんだけどね。なんか決められないんだよね。
友達2：そうか。何か違うところってないの？ 　→*情報の確認*
友達1：もちろん，社風とか，扱っている製品とか，いろいろ違うよ。それぞれいいところがあるから，いろいろ迷っちゃって決められないんだよね。
友達2：どっちが自分に合ってると思う？ 　→*気持ちの確認*
友達1：うん。A社は社風がいいんだよね。風通しがよさそう。人事部の人たちも雰囲気がすごくいいんだ。B社はやっぱり，扱っている製品が魅力的だよね。開発部とか最先端で，新聞でも話題になるし。
友達2：人か仕事か…。確かに難しいね。でも，結局，働きやすいほうがよくない？ 　→*アドバイス*
友達1：まあね。でも，やりがいも大切でしょう。
友達2：それはそうだ。働きやすくて，やりがいもある会社，いったいどこにあるんだろう。ちなみにさあ，若いうちにどう働くか，っていうキャリアプラン的にはどうなの？ 　長いスパンで考えたときの，人生設計みたいな。 　→*気持ちの確認*
友達1：やっぱり，若いうちは，いろいろ経験したいよね。そういう
　…（続く）

14 〈アドバイス——上司に〉

上司が，ある仕事の方向性で悩んでいるようです。その仕事は自分の専門分野なので，自分にも少しアイディアがあります。上司にアドバイスするには，どのように表現したらいいでしょうか。

解説 この待遇コミュニケーションは，次のような要素を持っています。

　　場・媒体　　：会社・口頭
　　人間関係　　：部下（自分）と上司
　　意識（きもち）：上司を仕事上で援助したい

この要素をもとに，コミュニケーションの実践を考えてみましょう。

相手レベル・+1の相手にアドバイスするときは，まず自分にアドバイスするだけの知識があるかどうか，自分が相手に対して評価できる立場かどうかを考えることが必要です。

この場面では，自分が所属している部署の仕事に関係していること，内容が自分の専門分野でもあることなどから，知識はあるようです。ただし，上司のような専門家の前で知識を披露することは，相手の専門性を無視することになる可能性があるので，場面に応じて注意が必要です。

また，自分がこの仕事に責任を持って意見できる立場かどうかも，場面に応じて確認する必要があります。関係ない事柄に対してアドバイスや意見だけ述べることは，言いっぱなしの無責任な結果になることもあるからです。同じように，自分が評価できる立場かどうかに関しても，相手レベル・+1の相手ということで，基本的には評価は避けたほうがよいでしょう。

以上を踏まえると，会議などで，「あなたはどう思いますか。」とアドバイスを求められた場合はアドバイスすることができますが，求められていることが明確ではない場合は，最初から積極的なアドバイスをするよりは，「お手伝いしましょうか。」「私にも何かできることがあれば。」と申し出て，様子を見てからアドバイスに入っていくほうが安全でしょう。

15 〈挨拶・お礼――送別会で〉

3年間勤めた会社を辞めて，国へ帰ることになりました。自分のために，同じ部署の人たちが，会社の食堂を使って送別会を開いてくれました。皆さんにはいろいろお世話になり，とても感謝しています。こうした気持ちを伝えるスピーチを考えてみましょう。

解説 この待遇コミュニケーションは，次のような要素を持っています。

　　　場・媒体　　　：パーティー（送迎会）・口頭
　　　人間関係　　　：自分とお世話になった会社の人たち
　　　意識（きもち）：お世話になったお礼を言いたい

　この要素をもとに，コミュニケーションの実践を考えてみましょう。
　スピーチの内容としては，これまでのお世話になった思い出を語りながら，お礼に結びつけていく内容が考えられます。
　形だけの感謝よりは，具体的な人間関係について感謝の気持ちを表したいものです。この場合，会社での最後の挨拶ということで，基本的には表現はフォーマルになるでしょう。聴衆には同僚が多いのか，上司が多いのかも，表現選択に関係してきます。
　以上のことを踏まえると，例えば以下のような挨拶が考えられます。

例）

　皆様，このたびは，私のためにこのような会を開いてくださいまして，どうもありがとうございました。こちらでお世話になった3年は，本当にあっという間に過ぎてしまいましたが，いろいろな思い出が詰まっています。3年前，海外事業部に配属された私は，（省略）
　最後になりましたが，いつも私を支えてくださった△△部の皆様，本当にお世話になりました。これから，国に戻り，新しい環境で仕事を始めますが，こちらで経験させていただいたことは，これからもずっと私を支えてくれると思います。3年間，本当にありがとうございました。

16 〈ほめ──会社の先輩に〉
仕事を分かりやすく教えてくれた先輩に対して，感謝の気持ちを込めて，「先輩は教え方が上手だ」ということを伝えたい場合，どのように表現すればいいでしょうか。

解説 この待遇コミュニケーションは，次のような要素を持っています。

　　　場・媒体　　：会社・口頭／メール
　　　人間関係　　：後輩（自分）と先輩
　　　意識（きもち）：先輩に感謝したい

　この要素をもとに，コミュニケーションの実践を考えてみましょう。
　この場合，後輩は先輩に対して，仕事を教えてくれたことだけでなく，わかりやすく説明してくれたことについてもありがたく思っています。このようなときは，つい，お礼を伝えるだけでは不十分な気持ちがして，相手のわかりやすい説明についてもほめたくなってしまうものです。
　しかし，ここでの先輩に対するほめの表現（⇒ P.156）には，注意が必要です。相手レベル・＋1の相手をほめることは，相手を評価することにつながり，丁寧さが低くなる恐れがあるからです。そこで，「いい」「じょうずだ」といった，評価を直接表す表現は避け，わかりやすく教えてくれてありがたい，自分はとても勉強になった，というように，自分が受けた恩恵を強調する表現方法を選択するとよいでしょう。

例）会話
　　「お忙しいところ，わかりやすく教えてくださって，ありがとうございました。」

例）メール

＊＊先輩
先ほどは，お忙しいところわざわざ私のためにお時間を割いて，丁寧にわかりやすくご指導いただき，誠にありがとうございました。

---

17 〈謝罪──取引先に〉

今日の午後3時に，取引先の人と会って打ち合わせをすることになっていたのですが，事情があって1時間以上遅刻しそうです。相手の携帯電話に電話して謝らなければなりません。どのような表現で謝罪したらいいでしょうか。

解説 この待遇コミュニケーションは，次のような要素を持っています。

　　場・媒体　　　：社外（ビジネス）・電話
　　人間関係　　　：自分と取引先
　　意識（きもち）：謝りたい

　この要素をもとに，コミュニケーションの実践を考えてみましょう。
　謝る場合は，まず率直にこちらの非を認めることと，どうしてそのような状況になったのか，事情説明を，相手が納得するように説明するほうが，相手の理解を求める点において誠実な印象になりやすいと言えます。

例）　「←*斜体*」は主なポイント

自分　：もしもし，～さんでいらっしゃいますか。
取引先：はい，そうですが。
自分　：あの，△△社の○○と申しますが，
取引先：あ，どうしました？
自分　：お待たせして，大変申し訳ありません。　→*謝罪*
　　　　実は，前の打ち合わせが長引いてしまいまして，ちょうど今
　　　　終わったところなんです。　→*事情説明*
　　　　そちらに到着するのは，4時半ぐらいになりそうなんです。
　　　　本当に申し訳ありません。
取引先：え，そうなの。
自分　：はい。本当に申し訳ありませんが，先に打ち合わせを始めて
　　　　いただけないでしょうか。とにかく早急に伺いますので。
取引先：わかりました。じゃ，先に始めてますね。
自分　：よろしくお願いいたします。

> **18** 〈苦情——店員に〉
> 店のフロントに預けたコートがなくなってしまいました。探して連絡すると言ったので，連絡先を店に置いてきたのですが，1か月たっても連絡がありません。もしなかったら弁償してもらいたいと思っています。電話でどのように話したらいいでしょうか。

解説 この待遇コミュニケーションは，次のような要素を持っています。

　　　場・媒体　　：電話
　　　人間関係　　：客（自分）と店の人
　　　意識（きもち）：苦情を言いたい

　この要素をもとに，コミュニケーションの実践を考えてみましょう。
　この場面は，連絡するべき店に対して連絡がないことについて苦情を言うので，当然性のあるコミュニケーションと言えるでしょう。怒っている場合は，その気持ちを伝えてもいいかもしれません。
　ただし，相手にとって不名誉なことを過度に言いすぎると，丁寧さが無用に低くなる恐れがあります。相手が負うはずの責任を負っていないことについて，事実の確認を行うことで相手に気づいてもらうほうが，効果があると考えられます。

例）電話で　　「←*斜体*」は主なポイント

自分：すみません。以前，コートの件で連絡をお願いした△△ですが，
店　：あ，はい，あ，白いコートの件ですね？
自分：はい。あの，連絡をまだいただいてないんですが。　←*事実の確認*
店　：申し訳ございません。少々お待ちいただけますか。…お待たせいたしました。他のお客様が間違えて持って帰ってしまいまして，現在，そのお客さまから返送していただいているところでございます。こちらに到着いたしましたら，すぐにご連絡いたしますので，もう少々お待ちいただけますでしょうか。
自分：わかりました。じゃ，よろしくお願いします。

> **19** 〈意見を言う――同僚に反対する〉
> 会社の忘年会の場所を決めるため,幹事3人(A, B, 自分)で話し合いをしています。Aさんが提案した店にBさんは賛成していますが,自分はその店は高すぎると思うので,反対です。そのことを話の途中で言い出すには,どのように話を始めたらいいでしょうか。

解説 この待遇コミュニケーションは,次のような要素を持っています。

　　　場・媒体　　　：会社・口頭
　　　人間関係　　　：自分と同僚（AさんとBさん）
　　　意識（きもち）：反対意見を言う

　この場面では,相手が同僚なので,率直に意見を述べてもいいかもしれませんが,反対意見（⇒P.153）を述べるときは,同僚でも相手の考えを尊重したいものです。

　そのためには,「反対だ」「違う」「変だ」といった直接的な反対意見の表現は避けたほうが無難でしょう。まず,相手の考えを尊重し,その後で,その店について,「高いかもしれない」や「予算オーバーかもしれない」と自分が知っている情報を提供したり,「XよりYのほうがコストパフォーマンスがいいんじゃないかな。」と情報を比較して新しい提案をするような表現方法を取ることが考えられます。

例)　　「←*斜体*」は主なポイント

Aさん：駅前の「アルポルト」っていうレストランはどうかな。友達が行ったことがあって,よかったって言ってたけど。
Bさん：あ,知ってます。よく店の前を通りますよ。新しいですよね。
自分　：あのー,その店,自分も行ったことがあって,いい店だと思うんですけど,　←*相手の考えの尊重*
　　　　値段が意外に高かったような気がします。飲み物を入れると,今回の予算を超えるかもしれませんよ。　←*情報提供*
Aさん：本当？　じゃ,早速,インターネットで調べてみようか。

参考文献一覧

本書の著者が発表してきた論文・著書の中で，本書に関わる主要な参考文献を掲げておきます。待遇コミュニケーション関連の参考文献は，『待遇コミュニケーション研究』創刊号・5号に掲載されています。

蒲谷宏（2003）「「表現行為」の観点から見た敬語」『朝倉日本語講座8　敬語』朝倉書店

蒲谷宏（2005）「〈行動に展開する表現〉におけるコミュニケーション上の工夫」『伝え合いの言葉』（新「ことば」シリーズ18）国立国語研究所

蒲谷宏（2006）「「待遇コミュニケーション」における「場面」「意識」「内容」「形式」の連動について」『早稲田大学日本語教育研究センター紀要』19

蒲谷宏（2007）『大人の敬語コミュニケーション』（ちくま新書694）筑摩書房

蒲谷宏（2008）「なぜ敬語は三分類では不十分なのか」（特集＝敬語とコミュニケーションの現在）『文学』第9巻・第6号　岩波書店

蒲谷宏編（2009）『敬語使い方辞典』新日本法規出版

蒲谷宏・川口義一・坂本恵（1998／2002改訂）『敬語表現』大修館書店

蒲谷宏・川口義一・坂本恵・清ルミ・内海美也子（2006）『敬語表現教育の方法』大修館書店

蒲谷宏・金東奎・高木美嘉・吉川香緒子（2008）「「待遇コミュニケーション」における「敬語」の捉え方」『早稲田日本語研究』17　早稲田大学日本語学会

蒲谷宏・高木美嘉（2008）「待遇コミュニケーション学の構築を目指して」（待遇コミュニケーション学会大会委員会企画）『待遇コミュニケーション研究』5号

金東奎（2003）「敬語接頭辞「お・ご」を用いた敬語化とその敬語表現に関する一考察」（早稲田大学大学院日本語教育研究科修士学位論文）

金東奎（2004）「「手紙文」と「スピーチ」から見た敬語接頭辞「お・ご」を用いた敬語表現の使用様相」『早稲田大学日本語教育研究』第4号　早稲田大学大学院日本語教育研究科

金東奎（2005）「「待遇コミュニケーション」における「敬語表現化」に関する考察――待遇表現教育のあり方への視座」『早稲田大学日本語教育研究』第7号

金東奎（2006）「「待遇コミュニケーション」における「敬語表現化」の考察――待遇表現教育の観点から」（早稲田大学大学院日本語教育研究科博士学位論文）

高木美嘉（2003a）「依頼における「説得」の待遇ストラテジー――情報のやりとりと待遇との関係を中心に」『待遇コミュニケーション研究』創刊号

高木美嘉（2003b）「依頼に対する「受諾」と「断り」の方法」『早稲田大学日本語教育研究』創刊号
高木美嘉（2004／2005／2006a）「「会話」という待遇コミュニケーションの仕組み――会話教育の基礎理論の考察」／「待遇コミュニケーションにおける「会話表現」の考え方――会話教育の基礎理論の考察（2）」／「待遇コミュニケーションにおける「口頭表現」の考え方――会話教育の基礎理論の考察（3）」『待遇コミュニケーション研究』2／3／4号
高木美嘉（2006b）「行動を促す会話における待遇表現行為の研究――相互行為的会話教育の基礎理論」（早稲田大学大学院日本語教育研究科博士学位論文）
高木美嘉（2006c）「会話の「待遇表現」の考察――学習者が産出した会話の分析から」『早稲田大学日本語教育研究』第8号
高木美嘉（2006d）「行動を促す会話の展開構造の分析」『早稲田日本語研究』第15号
高木美嘉（2009）『依頼の会話における「待遇ストラテジー」の研究――相互行為としての会話教育の理論と実践』早稲田大学出版部
早稲田大学待遇コミュニケーション研究会（2003-2007）『待遇コミュニケーション研究』創刊号-4号
早稲田大学待遇コミュニケーション学会（2008／2009）『待遇コミュニケーション研究』5／6号

特に敬語表現に関する，その他の主要な参考文献を掲載しておきます。

大石初太郎（1983）『現代敬語研究』筑摩書房
菊地康人（1994／1997）『敬語』角川書店／（講談社学術文庫）講談社
北原保雄編（1978）『敬語』有精堂
北原保雄編（2004）『問題な日本語』大修館書店
窪田富男（1990／1992）『敬語教育の基本問題　上／下』国立国語研究所
国語審議会（2000）「現代社会における敬意表現」（国語審議会答申）
国立国語研究所（2008）『私たちと敬語』（新「ことば」シリーズ21）
辻村敏樹編（1991）『敬語の用法』（角川小辞典6）角川書店
辻村敏樹（1992）『敬語論考』明治書院
時枝誠記（1941）『国語学原論』岩波書店
西田直敏（1987）『敬語』（国語学叢書13）東京堂出版
林四郎・南不二男編（1974）『敬語講座』全10巻　明治書院
文化審議会（2007）「敬語の指針」（文化審議会答申）
文化庁（1995／1996）『言葉に関する問答集――敬語編／敬語（2）』
南不二男（1987）『敬語』（岩波新書365）岩波書店
宮地裕（1999）『敬語・慣用句表現論』明治書院

【付録】

2007年2月に文化審議会答申として発表された「敬語の指針」より、「概要」を転載します。

「敬語の指針」の概要

指針の性格

　敬語が必要だと感じているけれども、現実の運用に際しては困難を感じている人たちが多い。そのような人たちを主たる対象として、社会教育や学校教育など様々な分野で作成される敬語の「よりどころ」の基盤、すなわち、＜よりどころのよりどころ＞として、敬語の基本的な考え方や具体的な使い方を示すもの。

敬語についての考え方

基本的な認識

○敬語の重要性は、次の点にある。
　① 相手や周囲の人と自分との間の関係を表現するものであり、社会生活の中で、人と人がコミュニケーションを円滑に行い、確かな人間関係を築いていくために不可欠な働きを持つ。
　② 相手や周囲の人、その場の状況についての、言葉を用いる人の気持ち（「敬い」「へりくだり」「改まった気持ち」など）を表現する言語表現として、重要な役割を果たす。

○敬語は、人と人との「相互尊重」の気持ちを基盤とすべきものである。

○敬語の使い方については、次の二つの事柄を大切にする必要がある。
　① 敬語は、自らの気持ちに即して主体的に言葉遣いを選ぶ「自己表現」として使用するものである。
　② 「自己表現」として敬語を使用する場合でも、敬語の明らかな誤用や過不足は避けることを心掛ける。

留意すべき事項

（1）方言の中の敬語の多様性
　　全国共通語の敬語と並ぶものとして、将来にわたって大切にしていくことが必要である。

（2）世代や性による敬語意識の多様性
　　敬語の使い方の違いには、その敬語についての理解や認識の違いが反映していることを考慮するとともに、他者の異なる言葉遣いをその人の「自己表現」として受け止めることが大切である。

（3）いわゆる「マニュアル敬語」
　　場面ごとに過度に画一的な敬語使用を示す内容とならないよう注意する必要がある。ただし、マニュアル自体は敬語に習熟していない人にとっては有効である。

（4）新しい伝達媒体における敬語の在り方
　　社会の各方面で、それぞれの目的や状況に即した工夫や提案がなされることを期待する。ここでも「相互尊重」と「自己表現」が原則である。

（5）敬語についての教育
　　人が社会生活において敬語を活用できるようになる過程では、学校教育や社会教育での学習と指導が重要な役割を果たす。

敬語の仕組み

敬語の種類と働き

○敬語は，以下の5種類に分けて考えることができる。（右側は従来の3種類）

5　種　類		3種類
尊敬語	「いらっしゃる・おっしゃる」型 相手側又は第三者の行為・ものごと・状態などについて，その人物を立てて述べるもの。	尊敬語
謙譲語Ⅰ	「伺う・申し上げる」型 自分側から相手側又は第三者に向かう行為・ものごとなどについて，その向かう先の人物を立てて述べるもの。	謙譲語
謙譲語Ⅱ （丁重語）	「参る・申す」型 自分側の行為・ものごとなどを，話や文章の相手に対して丁重に述べるもの。	
丁寧語	「です・ます」型 話や文章の相手に対して丁寧に述べるもの。	丁寧語
美化語	「お酒・お料理」型 ものごとを，美化して述べるもの。	

従来の3種類との関係

○敬語は，「尊敬語」「謙譲語」「丁寧語」の3種類に分けて説明されることが多い。ここでの5種類は，従来の3種類に基づいて，現在の敬語の使い方をより深く理解するために，3種類のうち，「謙譲語」を「謙譲語Ⅰ」と「謙譲語Ⅱ」に，また「丁寧語」を「丁寧語」と「美化語」に分けたものである。

敬語の具体的な使い方

敬語の具体的な使い方に関する様々な疑問や問題点に対して，どのように使えば良いのか，また，どのように考えれば良いのかを，以下のような三つの節に分けて問答形式で解説（問いは，全部で36問）。

（1）敬語を使うときの基本的な考え方（6問）
　　（問いの例）　敬語は，人間を上下に位置付けようとするものであり，現代社会には，なじまないようにも思う。どう考えれば良いのだろうか。

（2）敬語の適切な選び方（12問）
　　（問いの例）　駅のアナウンスで「御乗車できません。」と言っているが，この敬語の形は適切なのだろうか。

（3）具体的な場面での敬語の使い方（18問）
　　（問いの例）　保護者からの電話で，同僚の田中教諭の不在を伝えるときに，「田中先生はおりません。」と伝えたが，それで良かったのだろうか。それとも「田中はおりません。」と伝えた方が良かったのだろうか。

索引

語句

【あ】

（〜て）あげる　140
あなた　56
（〜ても）いい　128
いいですよ　123
いたす　29, 61
いただく　27, 55, 60, 70
いらっしゃる　20, 59
上　21
伺う　25, 53
お　21, 34
お会いする　25
おありだ・おありになる　58
お忙しい　20
お〜いただく　28
お〜いただける　57
お伺いする　63
お書きいただく　27
お書きくださる　22
お書きになる　20
お菓子　34
おかず　35
お金　34
お〜くださる　22, 57
お米　34

お酒　34
オ〜サセテイタダク　60
お仕事　51
お知らせいたす　32
お知らせ申し上げる　25
お〜する（オ〜スル）　26, 57
お世話になる　44
お茶　34
お疲れさま　71
おっしゃる　20
お手紙　35
お天気　34
お電話　34
おなか　35
お名前　20, 68
おにぎり　35
お〜になる（オ〜ニナル）　21, 57, 65
お願いいたす　32
お花　34
お弁当　34
お見えになる　63
お召し上がりください　70
お求めになりやすい　69
お読みになりやすい　69
おられる　59
お料理　34

おる 29, 59
御社 24

【か】

書いていただく 27
書いてくださる 22
書いてさしあげる 27
書かれる 20
貴校・貴社・玉稿 24
愚息 31
くださる 22, 106
くれる 106
荊妻 31
ご 21, 34
ご案内する 25
ご〜いただく 28
ご〜いただける 57
ご記入いただく 27
ご記入くださる 22
ご〜くださる 22, 57
御苦労さま 71
ご検討いたす 32
ゴ〜サセテイタダク 60
ござる 29, 58
ご住所 20, 68
ご〜する（ゴ〜スル） 26, 57
ご説明いたします 54
ご説明いたす 32
ご説明いただく 55
ご説明いただけますか 57
ご説明ください 57
ご説明くださる 23, 52, 55
ご説明します 54
ご説明する 33

ご説明になる 52
ご説明申し上げる 25
ごちそう 35
ご〜になる（ゴ〜ニナル） 21, 57, 65
ごはん 34
ごほうび 34
ご覧くださる 23
ご覧になりにくい 69
ご覧になる 21
ご立派だ 20
ご令嬢・ご令息 21

【さ】

さしあげる 27
サセテイタダク 60
様 20, 68
さん 68
小生 31
拙稿 31
説明いたします 54
説明いたす 33
存じる・存ずる 29

【た】

〜たいですか 64
であります 37
です 5, 36
〜てまいる 29
殿 21, 68
豚児 31

【な】

〜になります 66

【は】

拝見いたす　32
拝見する　25
拝借する　26
拝受する　26
拝聴いたす　32
拝～する　26
拝聴する　26
拝読いたす　32
拝読する　25
弊社　31

【ま】

まいる　29, 53

ます　5, 30, 33, 36
召し上がってください　70
召し上がる　21, 63, 70
召す　21
申し上げる　25
もうす　29
もらう　106

【ら】

られる（ラレル）　21, 57, 59
令嬢・令息　21
令夫人　20
れる（レル）　21, 57, 59

事項

【あ】

あいさつ　72, 185
相手　4
相手尊重語　24
相手レベル　5
あたかも依頼表現　99, 120
あたかも許可求め表現　99
あたかも自己表出表現　99
あたかも表現　99
あたかもほめ　158
あたかも理解要請表現　99
アドバイスされる　149
アドバイスする　100, 145, 182, 184
改まった場　24
改まり　6, 29, 32, 38

改まりの敬語　43, 49
意見を言う　151, 189
意識（きもち）　7, 16, 84
いただく系　27, 55
5つの要素　3, 10, 81
意図　7, 84, 87
依頼　106, 162, 164, 166, 169, 171, 173
依頼の文章　40
依頼を受諾する　111, 169
依頼を断る　112
慇懃無礼　73
印象　90
イントネーション　6
ウチ・ソトの関係　82
お疲れさま系　71
お礼　185

お詫び　116
恩恵　22, 27, 96, 107
恩恵間接尊重語　27
恩恵直接尊重語　22, 52, 55, 57
音声　9, 85, 93

【か】

回避　102
書き言葉　9, 39
確認　97
過剰敬語　62, 63
肩書き　73
かたさ　24
漢語　34, 39
感謝　71, 72, 157
間接尊重語　25, 53, 54
願望表現　107
管理者　129
許可を与えない　133
許可を与える　132, 179
許可を求める　128
きれいにする　34, 44, 50
禁止する　137
苦情　159, 188
くだけ　6
くださる系　22, 52, 55
くりかえし　11
敬語化　69, 70
敬語形式　10
敬語コミュニケーション　11, 13
敬語専用動詞　21
敬語的性質　16
敬語的な言葉　38
敬語の指針　18, 60, 192

敬語表現　2, 88
敬語分類表　19
形式（かたち）　9, 81, 85
決定権　96, 97, 104
言語　13
言語表現　92
言材　13
言材としての敬語　13
謙譲語　18
謙譲語Ⅰ　18
謙譲語Ⅰ―恩恵間接尊重語　27
謙譲語Ⅰ―間接尊重語　25
謙譲語Ⅰ＋謙譲語Ⅱ―尊重丁重語　32
謙譲語Ⅰ＋Ⅱ　18
謙譲語Ⅱ　18
謙譲語Ⅱ―自己卑下語　31
謙譲語Ⅱ―丁重語　29
謙遜　157
語彙　9
効果　90
交渉　111, 117
行動　96, 97
行動展開表現　95, 96, 97, 104
語句としての敬語　14
御苦労さま系　71
断る　112, 162, 166
コミュニケーション主体　80
誤用　57, 65, 70

【さ】

さしあげる系　27
誘いを断られる　127
誘いを受諾する　122
誘いを断る　124

誘う　118, 175
賛成表現　151
自己卑下語　31
自己表現　88
指示　136, 177
事情説明　8, 110, 113
親しみ　56
詞の敬語・辞の敬語　18
自分　4
謝罪　104, 110, 187
11種類の敬語　18
上下関係　4
上下親疎　78
助言　97, 102
親疎関係　4
勧められる　149
勧める　64, 97, 145, 176
宣言　142, 180, 181
相互尊重　88
素材敬語　18
尊敬語　18
尊敬語―相手尊重語　24
尊敬語―直接尊重語　20
尊重　20
尊重丁重語　32, 54

【た】

代案　117
待遇　11, 77
待遇コミュニケーション　11, 77, 81
待遇表現　11, 78
待遇理解　11, 78
対者敬語　18
態度　9

高くしない　17, 42, 48
高くする　17, 41, 47
高める　21, 33, 35, 42, 52, 65
多重敬語　63
正しさ　89
立場・役割　4
ため口　36
談話　9, 15, 45
談話展開　103
忠告　97
直接尊重語　20, 52, 57, 88
提案表現　151
丁重　37
丁重語　29, 53, 54, 58, 59
丁重文体語　37
丁寧　37
丁寧語　18
丁寧語―丁重文体語　37
丁寧語―丁寧文体語　36
丁寧さ　96, 97, 102, 103
丁寧さの原理　97
丁寧にする敬語　44, 50
適切さ　89
動作・状態の主体　20
当然性　100
友達言葉　90

【な】

内容（なかみ）　8, 81, 84
人間関係　3, 4, 77, 81, 82
ねぎらい　71

【は】

場　3, 6, 81, 83

媒材　9, 93
媒体　6, 87, 93
配慮　104
発音　9
話し合い　151
話し言葉　9, 39
場面　3, 82
場レベル　6
反対意見を言う　153, 189
比較表現　153
美化語　18, 34
美化する　17, 34
低くする　17, 31
卑下する　31
非言語行動　9
非言語表現　92
ビジネス敬語　63
ビジネス場面　91, 92
卑俗な言葉　39
評価　72, 146, 153, 156
表記　9
表現意図　7, 87
表現形式　78, 79, 82, 87
表現形態　9
表現行為　12, 78, 79
表情　9
品格　34
フォーマルな場面　80, 92
複合語　69
プラス待遇　86
雰囲気　6

文章　9, 15
文法　9
文話　14, 94
文話における敬語　14
ほめ　72, 156, 186
ほめられる　157

【ま】

マイナス待遇　86
前置き表現　110
マニュアル敬語　63, 65, 66, 67
命令　97, 98, 102
申し出　139, 180, 181
申し出を受ける　143
申し出を断る　144
文字　9, 85, 93

【や】

やりとり　11
呼び方　72

【ら】

ラング（langue）　13
利益　96, 97
理解行為　12, 79
理解要請表現　95, 101, 102
理由説明　110, 113

【わ】

和語　34, 39
話題の人物　4, 77, 82

[著者紹介]

蒲谷　宏（かばや　ひろし）
1986年早稲田大学大学院文学研究科博士課程修了。
早稲田大学大学院日本語教育研究科教授。

金　東奎（きむ　どんぎゅ）
2006年早稲田大学大学院日本語教育研究科博士課程修了。博士（日本語教育学）。
早稲田大学日本語教育研究センター客員講師。

高木美嘉（たかぎ　みよし）
2006年早稲田大学大学院日本語教育研究科博士課程修了。博士（日本語教育学）。
早稲田大学大学院日本語教育研究科助教。

敬語表現ハンドブック
© KABAYA Hiroshi, KIM Dongkyu, TAKAGI Miyoshi, 2009
NDC 810／x, 199p／21cm

初版第1刷──2009年4月20日

著者	蒲谷　宏／金東奎／高木美嘉
発行者	鈴木一行
発行所	株式会社 大修館書店

〒101-8466　東京都千代田区神田錦町3-24
電話 03-3295-6231 販売部　03-3294-2352 編集部
振替 00190-7-40504
[出版情報] http://www.taishukan.co.jp

装丁者	石山智博
イラスト	落合恵子
印刷所	広研印刷
製本所	プロケード

ISBN978-4-469-22199-2　Printed in Japan

Ⓡ本書の全部または一部を無断で複写複製（コピー）することは、著作権法上での例外を除き禁じられています。